BIBLIOTHÈQUE

DE PHILOSOPHIE CONTEMPORAINE

L'AME ET LA VIE

SUIVI D'UN EXAMEN CRITIQUE

DE

L'ESTHÉTIQUE FRANÇAISE

PAR

ÉMILE SAISSET

Membre de l'Institut,
Professeur d'histoire de la philosophie à la Faculté des lettres de Paris.

PARIS

GERMER BAILLIÈRE, LIBRAIRE-ÉDITEUR

Rue de l'École-de-Médecine, 17.

Londres | **New-York**
Hipp. Baillière, 219, Regent street. | Baillière brothers, 440, Broadway.

MADRID: C. BAILLY-BAILLIÈRE, PLAZA DEL PRINCIPE ALFONSO, 16

1864

L'AME ET LA VIE

ÉTUDE

SUR LA RENAISSANCE DE L'ANIMISME

Paris. — Imprimerie de E. MARTINET, rue Mignon, 2.

L'AME ET LA VIE

ÉTUDE

SUR LA RENAISSANCE DE L'ANIMISME

SUIVIE D'UN EXAMEN CRITIQUE

DE

L'ESTHÉTIQUE FRANÇAISE

PAR

M. ÉMILE SAISSET

Membre de l'Institut,
Professeur d'histoire de la philosophie à la Faculté des lettres de Paris.

GERMER BAILLIÈRE, LIBRAIRE-ÉDITEUR
Rue de l'École-de-Médecine, 17.

Londres	New-York
Hipp Baillière, 219, Regent street.	Baillière brothers, 440, Broadway.

MADRID: C. BAILLY-BAILLIÈRE, PLAZA DEL PRINCIPE ALFONSO, 16

1864

TABLE DES MATIÈRES

---

a.

AVERTISSEMENT

DE L'ÉDITEUR

———

Les deux études que nous présentons au
public, réunies dans le présent volume, ont
été publiées séparément et à un intervalle
d'une année par M. Émile Saisset. Dans
la pensée de l'auteur, qu'une mort regret-
table à tant de titres a surpris au milieu

de ses travaux, chacune d'elles devait fournir la matière d'un volume, et il nous avait autorisé à annoncer ces deux publications. Le temps lui a manqué pour donner à sa critique et à ses vues personnelles des développements que nous sommes le premier à regretter.

Mais plutôt que de priver les amis de la philosophie de deux morceaux excellents, auxquels leur date encore récente (1861-1862) laisse tout l'intérêt des questions agitées en ce moment au sein de la philosophie française, il nous a paru préférable de les réunir, en les publiant tels qu'ils ont été écrits pour les lecteurs de la *Revue des deux mondes*. Sans doute il leur manque l'unité du sujet, mais ils ont été inspirés tous deux par un spiritualisme toujours fidèle à lui-même, et au moins l'unité de doctrine ne leur fait pas défaut.

G. B.

1er juin 1864.

L'AME ET LA VIE

EXAMEN DES NOUVELLES THÉORIES ANIMISTES

L'AME ET LA VIE⁽¹⁾

Notre siècle, en vieillissant, devient, à ce qu'il semble, de plus en plus positif. C'est l'âge d'or des sciences exactes et de l'industrie, c'est l'âge de fer de la métaphysique. On est las de spéculations abstraites, on a peur de penser. Des faits, des résultats matériels, des applications utiles, voilà ce qu'on demande aux sa-

⁽¹⁾ Écrit pour la *Revue des deux mondes* à l'occasion des ouvrages suivants : *Du principe vital et de l'âme pensante*, par M. Francisque Bouillier, correspondant de l'Institut ; 1 vol. in-8. — *L'âme et le corps*, par M. Albert Lemoine ; 1 vol. in-12. — *Stahl et l'animisme*, par le même auteur ; 1 vol. in-8. — *La vie dans l'homme*, par M. Tissot ; 1 vol. in-8. — *De vitæ natura*, par M. Charles ; 1 vol. in-8.

E. SAISSET.   1

vants et aux philosophes. Au milieu de ce cou-
rant d'empirisme qui nous entraîne, il y a
cependant pour l'esprit le plus rebelle aux recherches spéculatives, le plus âpre à la curée
des biens de ce monde, il y a des moments de
crise, des heures de mécompte et de dégoût,
où apparaissent tout à coup ces étranges problèmes : — Que suis-je ? où vais-je ? et comment cela finira-t-il ? — Ces questions en amè-
nent d'autres : Suis-je tout entier dans ce
corps que je soigne et que j'aime, machine
admirable, mais bien fragile, bulle de savon
semée de couleurs brillantes, que le plus faible
choc suffit à briser ? Qu'est-ce après tout que
cette enveloppe matérielle ? Une sorte de crible
où passe incessamment un flot toujours renou-
velé de particules changeantes. Or, il faut bien,
ne serait-ce que pour conserver à mon corps la
forme qui le constitue, qu'il y ait en lui un je
ne sais quoi capable de le maintenir, une
force cachée, un principe de vie. Et puis, abs-
traction faite de ma vie organique, est-ce que
je ne sens pas au-dedans de moi quelque chose

qui raisonne, qui rêve, qui souffre, qui jouit, qui veut, qui ne veut pas, une pensée, une âme? Étrange nature que la mienne ! Tout à l'heure, en regardant mon corps, je me croyais un être assez simple ; maintenant je vois en moi deux êtres au lieu d'un, que dis-je, deux êtres ? peut-être trois : mon corps première- ment, puis la vie qui l'anime, puis, au-dessus de la vie, la pensée. Suis-je véritablement un être double ou même triple, ou bien cette com- plication n'est-elle qu'apparente, la pensée n'étant qu'un degré supérieur de la vie, et la vie qu'une propriété de la matière organisée?

Quand on s'est une fois posé de tels pro- blèmes, il est difficile de s'en distraire tout à fait ; car enfin, si je ne suis qu'un corps ana- logue à ceux qui m'entourent, j'aurai le sort de la fourmi que j'écrase, de l'herbe que je foule aux pieds. Fils de la terre, en lui rendant mes os, je lui rendrai tout ce que je suis. Si, au contraire, il y a en moi un principe indépen- dant du corps, les sages ont eu raison de dire que l'*homme n'est pas une plante de la terre,*

mais une plante du ciel (1), et alors la vie présente, qui tout à l'heure était tout pour moi,
n'est plus qu'un jour, une heure, une minute
en face de l'éternité qui m'attend.

Ce n'est pas hier que le cœur de l'homme
s'est pour la première fois troublé devant ces
alternatives. Cessera-t-il d'y penser demain ?
On le dit ; on assure qu'une philosophie nouvelle est venue, qui se flatte de supprimer les
problèmes métaphysiques et prophétise le jour
prochain où l'esprit humain, élevé à sa perfection par les sciences positives, cessera de s'in-
quiéter de son origine et de sa destinée : jour
heureux, jour de gloire et d'allégresse qui ou-
vrira aux hommes une ère d'harmonie et de
paix ! Je laisse de bon cœur, aux honnêtes gens
qui se bercent de ce rêve, la satisfaction qu'ils
paraissent y trouver ; mais soit que je regarde
en moi-même, soit que j'ouvre les yeux sur ce
qui se passe autour de moi, à voir renaître les
sectes, les écoles, à voir les esprits se partager

(1) Φυτὸν οὐκ ἔγγειον, ἀλλ' οὐράνιον (Platon, *Timée*).

en deux camps de plus en plus irréconciliables, ceux qui affirment l'âme, Dieu, l'immortalité, et ceux qui les nient, il semble que les jours d'accord et de sérénité promis par la philosophie positive ne sont pas près d'arriver. Parlons donc encore de l'âme et de la vie, puisque ces vieux mots, ces antiques problèmes, ont encore le privilége de susciter des recherches, de diviser des esprit d'élite et d'intéresser nos contemporains.

I

Une des causes qui ont donné au père de la philosophie moderne, à Descartes, une si prodigieuse influence, c'est l'idée singulièrement nette, simple, originale, qu'il se formait de l'homme, en résolvant à sa manière le problème de la matière et de l'esprit. Voyez en effet quelle admirable simplicité ! La matière en général n'est autre chose que l'étendue, avec ses deux modes, la figure et le mouvement. Qu'est-ce en particulier que le corps humain ? Un mode déterminé de l'étendue universelle, un peu plus compliqué que les autres modes, mais régi par les mêmes lois. Et maintenant,

qu'est-ce que l'âme humaine ? C'est ce qui en
nous sent, imagine, désire, raisonne, veut. Or
tout cela, c'est penser. L'âme se réduit donc à
la pensée et à ses modes, comme le corps à
l'étendue, à la figure et au mouvement. Quoi
de plus clair, de plus rigoureux, en apparence,
que ces définitions, et quoi de plus comparable
à la lumineuse précision des sciences mathéma-
tiques ! Voyez aussi comme les problèmes de
la spiritualité et de l'immortalité de l'âme se
posent et se résolvent simplement ! La pensée excluant les modes de l'étendue, l'etendue excluant
les modes de la pensée, il s'ensuit que l'âme est
distincte et indépendante du corps. Que ces
deux êtres se séparent à la mort, que la pensée
survive aux organes, rien de plus aisé à concevoir. Ce qui est difficile à comprendre, ce n'est
pas la séparation des deux natures, c'est leur
union. Aussi cette union est-elle accidentelle, et
la mort ne fait que rendre à l'âme humaine son
indépendance naturelle et sa pleine liberté.

On comprend qu'une telle théorie devait ra-
pidement charmer et conquérir un siècle émi-

nemment religieux. De là le peu de peine
qu'eût le xviie siècle à se faire cartésien, et
certes, ce moment de parfait accord entre tant
de brillants génies fut très-beau, mais il ne
dura pas. De toutes parts le spiritualisme cartésien fut battu en brèche. Les uns attaquèrent
sa définition de l'âme, les autres sa définition
du corps. Parmi les adversaires de Descartes,
un de ceux qui lui portèrent les plus rudes coups,
ce fut Stahl, le chimiste ingénieux, le physiologiste éminent, le grand médecin sur lequel se
reporte aujourd'hui à bon droit l'attention des
philosophes, et dont la pensée profonde, mais
un peu enveloppée, a rencontré pour interprète un esprit d'une netteté et d'une justesse
singulières, M. Albert Lemoine (1). C'est surtout le mécanisme cartésien que Stahl attaque
dans ses deux représentants les plus illustres,

(1) Voyez l'écrit intitulé *Stahl et l'animisme* (Paris, chez
Baillière). C'est le physiologiste philosophe dans Stahl que
M. Lemoine a surtout étudié. Un autre écrivain compétent a
considéré Stahl comme médecin (*De Stahl et de sa doctrine
médicale*, par le docteur Lasègue). Tout récemment enfin,

Boerhaave et Hoffmann. Réduire le corps humain à un automate, expliquer la circulation, l'assimilation, la génération, comme on explique le jeu d'une horloge, c'est ce que Stahl ne pouvait souffrir. Il soutint que les combinaisons les plus subtiles et les plus profondes de l'étendue ne peuvent produire un brin d'herbe, à plus forte raison le corps d'un animal, à plus forte raison celui de l'homme. La vie suppose un principe supérieur au mécanisme, voilà la grande et durable conquête de Stahl.

Ce principe, quel est-il? Ici Stahl s'engage dans une hypothèse. Il admet que le principe qui a présidé aux fonctions du corps humain, c'est l'âme, l'âme pensante. Quoi! dira-t-on, c'est mon âme qui préside à la digestion, à la circulation du sang? Mais l'âme ignore profondément le jeu de ces fonctions. — Qu'importe?

deux savants médecins de Montpellier, M. Blandin et M. Boyer, ont commencé la publication d'une traduction complète des œuvres de Stahl. L'école de Montpellier devait cet hommage au médecin de génie qui, après Hippocrate, a été son plus fécond inspirateur.

1.

répond Stahl. L'âme fait bien d'autres choses
dont elle n'a pas conscience. Il y a en elle deux
vies, celle de la pensée réfléchie et de la volonté
en pleine possession d'elle-même, et puis avec
celle-là, au-dessous de celle-là, la vie organique,
vie spontanée, inconsciente, qui ne laisse aucune trace dans la mémoire, parce qu'elle est
étrangère à la réflexion et au raisonnement.
C'est en vertu de cette activité latente que l'âme
à l'origine s'empare du germe, l'organise et se
construit à elle-même sa demeure ; après avoir
formé les organes, c'est elle qui les maintient,
les administre, et quand le corps est fatigué ou
malade, c'est elle encore qui travaille à le réparer et à le guérir.

Telle est l'ingénieuse et paradoxale doctrine
de Stahl. On l'appelle *l'animisme* à cause du
rôle souverain qu'elle assigne à l'âme dans les
fonctions organiques. Il est clair qu'elle fut d'a-
bord une réaction violente contre le mécanisme
cartésien, qui regardait l'âme dans le corps
comme une étrangère, et ne savait où lui
trouver un point d'appui pour agir sur son

compagnon matériel. Bientôt, cependant, il ad-
vint à Stahl ce qui était arrivé à Locke, à
Leibnitz, à tous les premiers adversaires de
Descartes : il fut dépassé par la réaction. On se
moqua de l'esprit pur et des idées innées.
A force d'agrandir la part du corps et des sens
dans la formation de nos idées, on ne vit plus
dans l'homme que la sensation. La sensation
elle-même parut n'être qu'un état particulier de
l'organisme, de sorte que, de degré en degré,
de chute en chute, on passa de Locke à Condillac, de Condillac à Helvétius, d'Helvétius à
Cabanis et à Lamark. Il ne fut plus question
désormais de Stahl et de son animisme ; on
tomba dans le matérialisme absolu.

C'est au milieu de cet état de choses que la
philosophie du xixe siècle a pris naissance ;
elle a commencé par une revendication énergi-
que des droits de l'âme humaine. Reprenant
l'héritage de Descartes, mais prémunie par les
leçons du passé contre les illusions de l'idéalisme, et sachant, à l'exemple des sages de
l'Écosse, ses maîtres de prédilection, se con-

former aux besoins et aux légitimes exigences
du temps présent, elle s'est donné la mission
d'asseoir un spiritualisme nouveau sur la base
de l'expérience. Chacun a apporté sa part à
l'œuvre commune, Maine de Biran son génie
d'observation intérieure, Royer-Collard sa dialectique puissante, M. Cousin son goût du
grand et du beau, sa force d'initiative, ses larges
vues historiques, son sens profond des traditions. Au-dessous de ces illustres promoteurs,
s'il y a un homme qui ait bien mérité du spiritualisme, qui ait entrepris avec une suite, une
netteté, une force d'analyse supérieures, d'établir d'une manière définitive les titres de l'âme
humaine à une existence indépendante, cet
homme, c'est Théodore Jouffroy. Il commença
par adopter purement et simplement les idées
écossaises. Il distinguait, avec Reid et Dugald
Stewart, deux ordres de faits, les uns que nous
révèlent les sens, ou faits extérieurs, les autres
qui nous sont donnés par la conscience, ou faits
internes. Ces faits, disait-il, sont également
réels, également positifs ; car s'il est vrai que

le soleil luise, il n'est pas moins vrai que j'é-
prouve de la joie à sentir sa lumière et sa chaleur. Or un sentiment de joie, ou bien encore
un désir, une pensée, tout cela se dérobe à l'œil
et au toucher. Et de même, une roue qui tourne,
une pierre qui tombe, sont choses inconnues
et inaccessibles à la conscience. Voilà donc
deux ordres de faits profondément hétérogènes
et saisis par des procédés très-différents. Il s'ensuit que la psychologie, qui s'applique à l'analyse des faits internes, est distincte des sciences
physiques, qui n'observent que les faits extérieurs. C'est une science originale, qui a ses
objets propres, ses procédés à elle, ses conditions et ses lois.

Jouffroy n'allait guère au delà de ces vues en
1826 (1). Il n'affirmait rien sur le principe des
faits internes. Ce principe est-il un ou multiple?
est-il esprit ou matière? Jouffroy hésitait à se
prononcer. Le spiritualisme n'était pour lui

---

(1) Voyez la préface tant citée et tant calomniée de sa traduction des *Esquisses de philosophie morale*, de Dugald
Stewart,

qu'une vraisemblance : il s'en tenait aux questions de fait et ajournait la métaphysique ; mais
bientôt, à mesure qu'il s'enfonça dans l'observation des faits internes, sa pensée s'enhardit.
Une méditation obstinée le fit descendre dans
la conscience à des profondeurs qu'il n'avait
pas d'abord soupçonnées. Un jour, il ramassa
tous les résultats de ses analyses et toutes les
forces de son esprit net et lumineux, et il composa son *Mémoire sur la distinction de la
psychologie et de la physiologie*, modèle accompli de fine observation et de solide dialectique,
impérissable titre d'honneur d'une carrière
philosophique que la mort a si cruellement
abrégée.

L'objet principal de Jouffroy, en écrivant
son mémoire, c'était de fermer la bouche aux
adversaires qu'avait rencontrés l'école psychologique naissante, à Magendie, à Gall, à Broussais. Ces intraitables ennemis du spiritualisme
soutenaient que l'idée de constituer à part une
science des faits internes était une idée chimérique, que la pensée, la sensation, la volonté,

ne sont autre chose que des effets, des prolonge-
ments de la vie organique, par conséquent, que
la prétendue science appelée psychologique
n'est qu'un rameau de la physiologie. Il s'agis-
sait donc pour Jouffroy d'établir qu'il y a une
barrière naturelle entre la psychologie et la
physiologie, de définir les faits internes et d'en
assigner le critérium avec une telle exactitude
et une telle précision qu'il fût impossible de le
contester.

Ce fut à quoi il s'appliqua de toutes ses forces,
soutenu par son rare talent d'analyse psychologique et peut-être aussi inspiré à son insu par
les travaux de Maine de Biran. Il se demanda
ce que c'est, à parler rigoureusement, qu'un
fait interne, un fait psychologique, et ce qui le
distingue d'un fait externe en général, et particulièrement d'un fait physiologique. Si on
appelait fait interne, celui qui n'est pas atteint
naturellement par un de nos cinq sens, alors la
transformation du sang veineux en sang artériel et la sécrétion de la bile, seraient des faits
internes aussi bien que l'action de raisonner

ou celle de vouloir, car l'hématose et la sécrétion de la bile sont des faits qui se dérobent à
la vue et dont la nature ne nous instruit pas. Il
faut donc appliquer ici une analyse plus profonde. L'école écossaise appelle fait interne un
fait dont nous sommes avertis par la conscience,
et considère tout le reste comme des faits ex-
ternes. A ce compte déjà, la transformation du
sang veineux en sang artériel a beau s'opérer
dans l'intérieur de mon corps et se dérober à la
vue et au toucher; elle n'en est pas moins un
fait externe, en ce sens qu'elle s'opère hors de
la conscience. Toutefois ce critérium, qui avait
paru longtemps suffisant à Jouffroy, ne lui suffit plus. — Quand je considère, dit-il, un fait
physiologique, quand par exemple j'essaie de
me rendre compte de l'action des valvules dans
la circulation du sang, que puis-je en connaître?
Serais-je un physiologiste de profession, un
expérimentateur habitué à l'usage du micros-
cope, mes yeux peuvent-ils saisir la cause de
ce phénomène? Atteignent-ils la force vitale et
l'action de cette force sur les valvules des vais-

seaux sanguins? Il est trop clair que non.
Qu'atteignent-ils donc ? Le résultat de l'action
de cette force, c'est-à-dire, un certain mouvement, une certaine disposition extérieure, un
certain arrangement de parties, rien de plus.

Or, en est-il de même quand j'analyse un
fait externe, non plus avec mes sens, mais avec
ma conscience ? Je prends pour exemple le
mouvement volontaire. Je veux soulever un
poids, et j'y réussis. Que se passe-t-il? Mes
muscles se sont roidis, ma main s'est serrée,
la résistance que lui opposait le poids du corps
a été vaincue. Est-ce tout ? Suis-je comme tout
à l'heure, dans une ignorance absolue touchant
la cause de ce phénomène? Évidemment non.
La cause ici, c'est ma volonté, et ma volonté,
c'est moi-même. Je sais que j'ai le pouvoir de
remuer certains muscles et d'agir ainsi sur les
corps étrangers; je veux user de ce pouvoir;
j'en use en effet. J'en use dans la mesure jugée
par moi convenable. J'augmente ou je diminue
l'effort de mon bras; je le proportionne à la
résistance. Je fais tout cela, voulant le faire,

sachant que je le fais. La cause du mouvement, l'énergie de cette cause, l'effet de cette énergie, tout cela m'est connu. Je ne dis pas qu'ici je sache tout, je ne dis pas que j'aie du mouvement volontaire une connaissance adéquate. J'ignore en effet comment ma volonté agit sur mes muscles; je ne sais pas si elle s'applique directement à telle ou telle partie du système nerveux. Il y a, ici comme en tout, la part de l'inconnu, peut-être celle de l'impénétrable; mais que ce soit ma volonté qui, par un libre effort, cause le mouvement de mon bras, c'est là ce que je sais d'une science certaine et immédiate.

Je considère un autre fait psychologique, mais cette fois un fait purement subjectif; le contraste y paraîtra mieux. J'éprouve un sentiment violent d'antipathie ou de jalousie. En même temps que je l'éprouve, j'en reconnais l'injustice; je me blâme de l'éprouver. Je fais effort pour détourner ce sentiment ou pour l'affaiblir; j'y réussis plus ou moins, mais je lutte avec vigueur, et, sentant que j'ai quelque prise sur l'ennemi, je m'encourage à le combattre de front ou à le tourner à l'aide de cette stratégie vertueusement subtile et ingénieuse, bien connue des âmes accoutumées à se combattre et à se vaincre elles-mêmes. Voilà un fait que nul observateur du cœur humain ne contestera. Ici encore il y a autre chose qu'un simple résultat ; il y a la connaissance d'une cause, il y a la connaissance de l'action de cette cause et des effets de cette action. Le mouvement d'antipathie est un premier acte, un premier état de la personne humaine, du moi ; l'action de la raison sur ce sentiment est un second ; l'apaisement qui en résulte est le troisième. Tout est donné par l'observation ; tout est immédiatement connu. C'est après avoir analysé nombre de faits analogues que Jouffroy parvint enfin à cette formule du fait interne ou psychologique : tout phénomène qui se produit dans l'homme et qui est donné par la conscience comme un acte du moi est un phénomène psychologique ; tout le reste appartient à la physiologie.

On ne peut trop admirer cette analyse : elle est d'une exactitude et d'une profondeur que nul philosophe n'avait encore atteintes. Je ne prétends pas en faire honneur au seul Jouffroy. C'est Maine de Biran qui lui a frayé la route, je le sais, et si je l'ignorais, M. Ernest Naville me le rappellerait au besoin, lui qui a récemment publié les écrits de Maine de Biran et en a fait ressortir avec force et délicatesse quelques aspects nouveaux ou moins connus (1); mais sans rien retrancher à l'originalité de Maine de Biran, il faut convenir que Jouffroy a profité en maître des leçons de ce maître excellent. Maine de Biran, d'ailleurs, avait admis un critérium trop étroit en assignant pour ca-

(1) M. Cousin avait déjà rendu un grand service à la philosophie en publiant tout ce qu'il avait pu ressaisir des écrits, alors peu connus et dispersés, de Maine de Biran ; il restait à mettre au jour les derniers travaux de ce grand métaphysicien, surtout l'*Essai sur les fondements de la psychologie*, son ouvrage la plus complet et le meilleur. C'est la tâche que s'est donnée M. Ernest Naville, digne dépositaire de tous les manuscrits de Maine de Biran. Voyez les *Œuvres inédites*, publiées en 1859, avec une savante et lumineuse introduction de l'éditeur ; 3 vol. in-8, chez Dezobry.

ractère, aux phénomènes psychologiques, d'être des produits de l'activité volontaire. Il y avait là le germe d'un système exclusif. Jouffroy est plus large et plus près des faits. Peu importe que la personne morale, le moi, soit cause volontaire et active ou sujet plus ou moins passif d'un phénomène de conscience. Du moment que ce phénomène implique le moi, est rapporté au moi comme à son centre, le phénomène est psychologique.

De là une foule de conséquences, et celle-ci entre autres, à laquelle Jouffroy tenait singulièrement : c'est que la confusion n'est plus possible entre la science des faits internes et la physiologie. En effet, si loin que le physiologiste pénètre dans la profondeur des tissus organiques, à quelque degré de finesse que la micrographie puisse atteindre, les faits que la physiologie observe, si différents d'ailleurs qu'ils puissent être à d'autres égards des phénomènes chimiques et mécaniques, auront toujours avec eux ce point commun d'être des faits objectifs, des faits extérieurs, des faits étrangers à la personne morale, des faits dont la cause reste inaccessible à l'observateur. La psychologie seule a ce privilége d'atteindre autre chose que des faits, des résultats matériels; elle saisit une cause, une substance, un être un, identique, simple, durable, l'être qui a conscience de soi. Et dès lors il n'y a plus à raisonner sur l'origine des faits psychologiques; il n'y a plus à se perdre en syllogismes, en hypothèses métaphysiques pour démontrer la spiritualité de l'âme, et Kant a eu raison de mettre en poussière tous ces vieux raisonnements. La spiritualité de l'âme est un fait, un fait positif, un fait aussi éclatant que la lumière du soleil. On cherche encore et on cherchera peut-être toujours ce que c'est que la matière; mais quant à l'esprit, nous le connaissons, car nous en avons en nous le type, savoir le moi pensant, sentant et voulant.

Arrivé à ces grands résultats, Jouffroy ne put retenir un cri de satisfaction. Il vint lire son mémoire à l'Académie des sciences morales et politiques en présence de Broussais, ne dou-

tant pas que la physiologie ne rendît les armes
devant l'évidence de sa démonstration psychologique. « A tout le moins, disait-il à M. Cousin, les philosophes m'accorderont que j'ai
trouvé une nouvelle preuve de la spiritualité
de l'âme. » Il y aura bientôt vingt ans que
Jouffroy lisait son mémoire. Le matérialisme
s'est-il déclaré vaincu? La doctrine de Jouffroy
a-t-elle réussi à mettre d'accord les philosophes
spiritualistes? Hélas! non. Le matérialisme
semble aussi obstiné que jamais, et voici dans
le camp spiritualiste une réaction croissante
contre la doctrine de Jouffroy. Le signe le plus
expressif de cette réaction, c'est la renaissance
récente de l'animisme de Stahl. Si on se bor-
nait à remettre en honneur ce personnage illustre, à réimprimer ses écrits, à marquer sa
place dans l'histoire de la philosophie et de la
médecine, nous n'aurions qu'à applaudir; mais
on ne s'en tient pas là : un certain nombre
d'hommes distingués, M. Bouillier, M. Tissot,
M. Charles, d'autres encore, reprennent l'idée
stahlienne pour leur propre compte : ils nous

proposent de considérer désormais les actes vitaux ou physiologiques comme une fonction de
l'âme pensante, c'est-à-dire, de renverser la
barrière que Jouffroy croyait avoir établie pour
jamais. Examinons la portée et la valeur de
cette prétention.

II

Le nouvel animisme est une réaction contre
le spiritualisme de Maine de Biran et de Jouffroy, comme l'animisme de Stahl était une réaction contre le spiritualisme de Descartes, et
j'ajoute : comme l'animisme d'Aristote avait été
une réaction contre le spiritualisme de Platon ;
car ce n'est point Stahl qui a inventé l'animisme, il n'a fait que reprendre, sans le savoir
à la vérité, la tradition péripatéticienne, qui ne
s'était jamais perdue, grâce à l'école d'Alexandrie, et plus tard à la philosophie des Arabes et
des scolastiques chrétiens. Platon avait dit que
l'âme est d'origine céleste, que son essence est
de vivre d'une vie toute spirituelle, qu'elle est
tombée dans le corps à la suite d'une chute

mystérieuse (1), que sa destinée en ce monde
est de s'affranchir des organes, et, à travers une
série de voyages et d'épreuves corporelles, de
reconquérir sa vie primitive en Dieu (2). Contre
cette haute doctrine, chère aux âmes mystiques, s'éleva le génie critique d'Aristote. Il ne
voyait dans la préexistence des âmes, dans la
chute et la métempsychose, que des mythes ingénieux, des métaphores poétiques. Il se mo-
quait de ces âmes qui voyagent à la recherche
d'un corps et changent d'organes comme on
change d'hôtellerie. Pour lui, l'âme en général
est naturellement dans le corps, et telle âme est
appropriée à tel corps et non à un autre.
L'âme, disait-il, *c'est la forme du corps*, entendez l'acte, l'énergie, la force qui anime le
corps et se sert des organes pour sentir, penser
et agir. Lors donc qu'Aristote énumère les facultés de l'âme, il compte parmi elles la faculté
nutritive (3). C'est la plus humble, il est vrai,

(1) Voyez le *Phèdre*.
(2) Voyez surtout le *Phédon*.
(3) Voyez sur le rôle de l'âme nutritive ou végétative dans

mais cette faculté pourtant est la base solide sur
laquelle s'élèvent progressivement, la faculté de
se mouvoir, la faculté de sentir, la faculté de
penser. Telle est la doctrine qu'Aristote en-
seigna à Théophraste, et qui, à travers mille
vicissitudes, prit possession des écoles du moyen
âge, fut acceptée par la théologie, formulée par
saint Thomas, et élevée, peu s'en faut, à la
hauteur d'un dogme reconnu par l'église et
soutenu au besoin par le bras de l'état.

Quand Stahl, à la fin du xviiᵉ siècle, vint
produire ses vues sur le principe de la vie et
combattre les théories mécaniques de Descartes,
il se croyait très-hardi et très-original. Au fond,
il ressuscitait une idée de saint Thomas, qui
lui-même pensait d'après Aristote. Stahl pourtant faisait quelque chose : il développait har-
diment l'animisme d'Aristote, et le poussait à
des conséquences nouvelles. L'auteur du Περὶ
Ψυχῆς avait considéré la faculté nutritive comme

la psychologie d'Aristote la récente publication de M. Charles
Lévêque : *Études de philosophie grecque et latine*, 1 vol. in-8,
chez Durand.

une fonction inférieure de l'âme; mais il
n'avait jamais dit que l'âme, en tant que douée
de raison et de volonté, présidât aux actes de la
vie organique. Stahl osa le dire, et c'est là le
côté original et aussi le côté vulnérable de son
animisme. L'illustre physiologiste de Berlin est
convaincu que si le sang circule dans les veines, c'est que l'âme veut qu'il circule. L'âme
veut cette circulation, parce qu'elle sait que le
mouvement est nécessaire pour empêcher la
corruption des humeurs et pour réparer les
pertes de l'organisme (1). Si cette circulation
s'opère par un mécanisme admirable, s'il y a
un double système de vaisseaux sanguins et
dans ces vaisseaux des valvules, si le sang sort
du cœur pour aller aux poumons et rentrer dans
le cœur ranimé et purifié, c'est l'âme qui a dis-
posé toutes les pièces de cette merveilleuse
machine hydraulique. Elle s'y est proposé une
fin générale et mille fins partielles, et elle y a

_____

(1) Voyez, parmi les œuvres de Stahl, la *Theoria medica
vera*, dont M. Albert Lemoine a traduit les passages les plus
caractéristiques dans son écrit : *Stahl et l'animisme.*

approprié mille moyens, car c'est elle qui a
construit les organes, et elle les a construits
pour un but précis. Quand une cause étrangère
vient troubler la vie, l'âme attentive s'inquiète
de ce désordre. Elle active la circulation, et
n'hésite pas à donner à son corps une agitation
salutaire. On appelle cela la fièvre, et les bonnes
gens s'imaginent que la fièvre est une maladie.
Point du tout, la fièvre est un effort de l'âme
pour guérir le corps, car l'âme est le premier
des médecins, et tout l'art de la médecine consiste à épier les démarches de l'âme et à la
seconder dans son ministère réparateur (1).

Toute cette théorie, où se mêle à des vues
profondes une forte part d'hypothèses chimé-
riques, toute cette théorie appartient en propre
à Stahl. Est-ce là la doctrine que M. Tissot,
M. Charles et leurs partisans veulent réhabi-
liter? Non, pas tout à fait ; il faut rendre justice
à leur modération et à leur prudence. Ils recon-
naissent que Stahl a exagéré les choses. Ce n'est

(1) *Stahl et l'animisme*, par M. Albert Lemoine, p. 86 et
suiv.

pas eux qui soutiendraient que si le lait d'une
femme grosse se porte vers les mamelles, c'est
par l'effet d'une sage prévoyance de l'âme et
d'un ordre formel donné à son corps. Quelle
est donc leur prétention? C'est d'attribuer à
l'âme tout à la fois les fonctions vitales et les
fonctions intellectuelles, mais à un titre diffé-
rent. L'âme, suivant eux, a deux sortes de fonctions : les unes dont elle a conscience et qu'elle
rapporte au moi, par exemple, la faculté de
penser, la faculté de remuer certains membres ;
elle en a d'autres, dont elle n'a pas conscience, ce
sont là les fonctions vitales. Une seule âme tour
à tour consciente et inconsciente, gouvernant le
corps sans le savoir ni le vouloir, et se gouvernant elle-même avec intelligence et volonté, tel
est le système des nouveaux animistes, qui
viennent de trouver dans M. Francisque Bouillier, bien connu par ses beaux travaux sur la
philosophie cartésienne, l'avocat le plus habile,
l'interprète le plus savant et le plus ingénieux (1).

(1) *Du principe vital et de l'âme pensante*, par M. Bouillier, correspondant de l'Institut, 1 vol. in-8, chez Baillière.

Pour dire en deux mots toute notre pensée, le livre de M. Bouillier nous paraît à la fois très-fort et très-faible. Il est très-fort, quand il réclame, au nom de l'observation, contre certaines exagérations, réelles ou possibles, du spiritualisme de Maine de Biran et de Jouffroy ; mais il devient très-faible, à notre avis, lors· qu'il passe de la négation à l'affirmation, et nous présente comme un résultat scientifiquement démontré, la réduction des fonctions vitales et des fonctions intellectuelles à l'unité d'un seul et même principe.

M. Bouillier signale dans la doctrine de Maine de Biran et de Jouffroy un premier point faible : c'est qu'ils réduisent l'âme humaine à la personne morale, au moi. Suivant ces philosophes, en effet, le caractère essentiel et distinctif d'un fait interne, d'un fait psychologique, c'est de tomber sous la conscience, d'où il suit que tout ce qui est hors de la conscience est étranger à l'âme. Or, c'est là une doctrine insoutenable. N'y a-t-il. pas un nombre immense de faits qui sont certainement des actes de l'âme, et qui

cependant, échappent à la conscience? A peine
un enfant vient-il de naître, qu'il cherche la
mamelle de sa mère et accomplit toute sorte de
mouvements pour la saisir et la sucer. On assure
qu'il y a jusqu'à vingt-quatre paires de muscles
employés à cette opération. Quoi qu'il en soit,
il est certain que le mouvement de succion est
un mouvement instinctif dont l'enfant n'a pas
conscience, et cependant c'est bien son âme
qui dirige en secret ce mouvement. La preuve,
c'est que peu à peu, à mesure que l'enfant se
développe, à mesure que la profonde obscurité
où son âme était ensevelie se dissipe et reçoit
les premières lueurs de la vie intellectuelle,
l'enfant ne se borne plus à presser instinctive-
ment le sein maternel, il sait qu'il est capable
d'opérer ce mouvement, et il s'y applique avec
un commencement d'intention et de volonté.
Plus tard, il ira chercher des aliments, les por-
tera à sa bouche, et exécutera avec pleine conscience et pleine volonté tous les mouvements
nécessaires pour préparer et pour aider la dégli-
tition et la digestion. Voilà un fait très-simple.

On pourrait en citer des milliers de semblables.
Ils rendent manifeste cette loi psychologique,
qu'il y a dans l'âme une activité spontanée,
instinctive, inconsciente, qui arrive par degrés
à la conscience plus ou moins claire d'elle-
même.

Ce n'est pas tout : voici un nouvel ordre de
faits qui aboutissent à une conclusion non moins
importante. Tout le monde sait que, pour apprendre à jouer d'un instrument de musique,
une assez longue éducation est nécessaire. Il
faut s'astreindre à répéter un très-grand nombre de fois certains mouvements, à frapper
certaines touches, à faire vibrer certaines cor-
des, lesquelles répondent à tels et tels sons,
produisent tels et tels accords. Par degrés, la
main s'assouplit, l'oreille se forme. On lit plus
vite la musique, on manie plus aisément les
touches ou l'archet. On exécute bientôt en une
minute des centaines de mouvements, sans en
avoir presque aucune conscience. On en vient
enfin à ce point qu'il suffira quelque jour d'avoir
pressé par hasard les touches d'un piano pour

qu'à l'instant même l'imagination et la mémoire
nous rappellent un air que la main exécute in-
volontairement, sans que nous en soyons guère
avertis autrement que par l'air lui-même, qui
retentit à notre oreille distraite et glisse légèrement sur notre âme, occupée d'autres objets.
Ici encore nous trouvons une activité qui se
déploie sans réflexion, sans volonté, presque
sans conscience, par l'effet d'une longue habitude. Rapprochez de ce fait tous les faits analogues, et le nombre en est infini, et vous arri-
verez à une nouvelle loi psychologique, je veux
dire à constater dans l'homme une activité
d'abord réfléchie, intentionnelle, qui devient
par degrés irréfléchie, inconsciente, aveugle,
et, passant bientôt du grand jour de la réflexion
au demi-jour de la vie distraite et aux vagues
lueurs de la rêverie, se perd enfin dans l'obscurité. Cette loi est la contre-partie de la précé-
dente : là-bas une activité inconsciente qui
arrive par une série continue de degrés à la
conscience complète ; ici une activité consciente
qui arrive insensiblement à l'inconscience ab-

solue. Quelle est la conclusion de cette double
série de faits? C'est que la volonté, le moi, ne
sont pas l'âme tout entière. Le moi est un état
particulier et intermittent de l'âme; il y a der-
rière le moi un principe plus profond, une
source de vie d'où sort l'activité inconsciente
pour devenir réfléchie, et où rentre l'activité
réfléchie pour devenir inconsciente.

Telle est la première argumentation de
M. Bouillier (1). Quelle en est au fond la valeur? Je commencerai par rendre justice aux
nouveaux animistes. Ils ont le mérite incontestable d'avoir attiré l'attention sur un ordre de
faits très-intéressants : je parle de tous ces faits
qu'on pourrait appeler *phénomènes de pénombre*, parce qu'en effet ils ne se passent pas au
grand jour de la conscience. Voici, par exemple,
une excellente page d'analyse psychologique de
M. Tissot : « Ce qui prouve, dit-il,... le travail
secret, involontaire et inconscient de l'âme,

(1) Voyez le très-bon chapitre intitulé : *Des perceptions
insensibles*, p. 341 et suiv.

c'est l'effort, d'abord inutile, que nous faisons souvent pour évoquer un souvenir, et l'apparition subite de ce souvenir dans un moment où nous n'y pensons plus, quelquefois assez longtemps après, et lorsque l'âme, consciente de son activité volontaire, est occupée à toute autre chose, ou lorsque le sommeil a passé sur la tentative infructueuse du rappel. Si rien ne s'était passé dans l'âme à propos de ce souvenir depuis l'abandon d'une tentative de rappel avortée, à coup sûr l'état de l'âme serait toujours à cet égard tel qu'il était à la fin de cet effort inutile de la mémoire. Il faut donc qu'un travail intime, exécuté au-dessous et en dehors de la conscience, au-dessous et en dehors du moi, sans le moi, quoique certainement dans l'âme et par l'âme, il faut, disons-nous, qu'un tel travail ait eu lieu dans l'intervalle, et qu'il ait en quelque sorte exhumé des profondeurs les plus secrètes et les moins éclairées de l'âme, pour l'amener à sa surface éclairée par la conscience, le souvenir qu'il avait en vain demandé à la mémoire. » Tout cela est très-bien dit et

parfaitement observé ; mais la question est de
savoir ce que prouve l'existence, incontestable
d'ailleurs, de ces faits. Renversent-ils le spiritualisme de Jouffroy ? Pas le moins du monde.
J'accorde que les phénomènes de pénombre sont
bons à citer contre certaines théories excessives
de Maine de Biran, observateur d'ailleurs si
éminent, qui n'ignorait certainement pas les
faits qu'on signale, qui les a même analysés
d'une manière supérieure, mais qui, trop
préoccupé du rôle éminent de la volonté dans
l'âme humaine, tendait à éliminer de l'enceinte
psychologique tout ce qui n'émane pas de la
volonté (2). Contre ce système visiblement étroit
et exclusif, M. Bouillier a cent fois raison ; mais,
s'il triomphe d'une vue erronée de Maine de
Biran, il n'en est pas quitte à si bon marché
avec la doctrine tout autrement large et exacte
de Jouffroy. Jamais Jouffroy n'a pensé à exclure
de la psychologie tout ce qui ne tombe pas sous

---

(2) Voyez, dans les écrits publiés par M. Naville, l'*Essai
sur les fondements de la psychologie*, t. II, p. 41 et suiv.

la conscience directe et claire. La conscience,
le sentiment du moi, voilà son critérium ; mais
ce critérium est beaucoup plus large, plus élas-
tique qu'on ne paraît le croire. Tout ce qui arrive à la conscience, même obscure, tout ce qui
peut y arriver un jour, tout ce qui est tombé
autrefois sous son regard et n'y tombe plus
aussi directement, tout cela fait partie intégrante du domaine psychologique. Les phénomènes si curieux de l'instinct, ceux de l'habitude, ces *pensées sourdes*, ces *perceptions
aveugles* dont parle Leibnitz (1), et qu'il compare à ces mille petits bruits que produit au
bord de la mer le choc de chaque vague, et qui
composent par leur ensemble un sonore et ma-
jestueux mugissement, tous ces infiniment
petits de la psychologie qui, suivant la remarque
ingénieuse de M. Bouillier, ne pouvaient échapper au coup d'œil pénétrant de l'Inventeur du
calcul infinitésimal, tout cela trouve sa place

(1) *Perceptiones surdœ, cœcœ cogitationes.* Voyez l'avant-
propos des *Nouveaux essais* de Leibnitz.

dans la doctrine de Jouffroy, qui n'est autre
chose après tout, que le spiritualisme de Platon,
de Descartes, de Leibnitz, de Maine de Biran,
dégagé de tout système, purifié de toute erreur,
et ramené par une analyse profonde à son dernier degré de vérité et de précison. Aucun des
faits, je parle des faits certains et reconnus,
aucun des faits dont se prévalent les nouveaux
animistes n'échappe absolument à la conscience.
Ils tombent tous sous la conscience, ou directement ou indirectement, un peu plus, un peu
moins, tantôt dans le passé, tantôt dans l'avenir. S'ils n'y tombaient d'aucune façon, ils
seraient absolument insaisissables, et nous
n'aurions pas à nous en occuper.

Et maintenant, de ce que l'âme n'a pas toujours conscience claire, actuelle et immédiate
de ce qu'elle fait, faut-il conclure que c'est elle
qui exécute le mouvement de systole et de dia
stole, elle qui dirige l'action du suc pancréati-
que sur les aliments? Entre cette conclusion et
les prémisses d'où on la tire, l'intervalle est
énorme. Mais avant de discuter de front l'asser-

tion des nouveaux animistes, continuons de recueillir leurs objections contre un certain spiritualisme.

Il y a longtemps qu'on reproche aux psychologues de séparer tellement l'âme du corps que leur union devient un mystère et une impossibilité. Cette vieille accusation, il faut l'avouer, n'a pas toujours été sans quelque fondement. Quand Descartes vint soutenir que l'âme, ayant pour essence la pensée, ne peut faire autre chose que penser, et qu'elle est par conséquent incapable de mouvoir le corps, l'action de mouvoir impliquant un rapport avec l'étendue, et l'âme ne pouvant avoir avec l'étendue aucun rapport effectif et naturel, nous comprenons à merveille les réclamations de Gassendi, de Molière (1) et de tous les hommes de bon sens. La théorie de Descartes était tellement contraire aux données de l'observation, que lui-même, qui était un observateur de premier ordre, l'a

---

(1) Dans *les Femmes savantes*, acte Ier, scène Ire ; acte II, scène VII ; acte IV, scène II.

démentie plus d'une fois. Quoi de plus fort que cet aveu qui se trouve au beau milieu du *Discours de la méthode* ? « Je suis conjoint à mon corps très-étroitement, dit Descartes, et tellement confondu et mêlé que je compose comme un seul tout avec lui. » Impossible de dire mieux ; mais le bon sens de Descartes fait ici la guerre à son système. L'observateur contredit le géomètre.

Autre contradiction. On sait que Descartes, parmi les recherches d'anatomie qui ne cessèrent de l'occuper toute sa vie (1), essaya de déterminer le siége de l'âme, et crut l'avoir trouvé dans une certaine glande située entre les deux hémisphères du cerveau. C'est là le centre d'où partent et où reviennent sans cesse les esprits animaux, ces messagers rapides qui courent dans les nerfs comme dans de petits tuyaux d'orgue, et qui, à leur passage dans la glande pinéale, y reçoivent l'action de l'âme :

(1) Voyez le chapitre intitulé *Descartes médecin* dans le livre de M. Albert Lemoine : *l'âme et le corps*, p. 295.

action très-bornée au surplus, car l'âme peut
bien modifier le cours des esprits animaux, mais
elle est hors d'état de leur donner la plus petite
quantité de mouvement. Au lieu de rire avec
Voltaire de la glande pinéale et du corps calleux,
il vaut mieux, peut-être, savoir gré à Descartes
d'avoir fait à l'expérience quelques concessions,
tout insuffisantes qu'elles soient, car au fond, sa
théorie ne lui en permettait aucune. L'âme,
n'étant que pensée, ne peut avoir de siége dans
le corps; elle ne peut pas plus diriger le mouvement que le créer. Son union avec le corps
est donc inintelligible et impossible.

Il serait injuste d'imputer de telles aberra-
tions à la sage école écossaise et au spiritualisme
de Jouffroy. Je n'oserais pourtant pas dire qu'on
n'y retrouve pas quelque chose des habitudes
d'esprit imprimées par Descartes à la philosophie
moderne. Jouffroy en particulier est tellement
préoccupé de distinguer la psychologie de son
envahissante voisine, la physiologie, qu'il tend
quelque peu à les séparer plus que de raison.
Le sentiment profond de leurs différences lui

ôte quelquefois la vue claire de leurs points de
contact. Et certes, si on considère avec lui l'âme
humaine dans cet état rare et particulier où,
repliée en elle-même, elle oublie la nature et
son corps pour s'ensevelir dans une méditation
profonde; si en face d'un tel état psychologique,
tout interne, tout spirituel, tout subjectif, on
place un de ces phénomènes organiques qui
n'ont aucun rapport précis avec la conscience
et paraissent tout à fait étrangers à la vie intérieure du moi, tel par exemple que ce travail
merveilleux qui s'accomplit dans les os, pour
en renouveler et quelquefois pour en recréer la
substance, voilà deux faits qui n'ont presque
rien de commun. C'est au psychologue d'analyser le premier; c'est à l'anatomie et à la physiologie de s'occuper du second. Toutefois entre
ces deux anneaux de la chaîne des faits humains
il y a des anneaux intermédiaires. Outre la vie
végétative, il y a dans l'homme la vie de relation.
A chaque instant, le monde extérieur frappe
pour ainsi dire à la porte de mon esprit et
m'adresse mille sollicitations. Ce sont des cou-

leurs qui attirent et charment mon regard, des
mouvements, des bruits, des sons, qui m'alar-
ment, m'étonnent, m'avertissent, m'intéressent
à des titres divers. L'âme à son tour n'est pas
une minute sans réagir contre les impressions
du monde extérieur. Tantôt elle les dédaigne
et fait effort pour s'en détacher, tantôt, et le
plus souvent, elle en subit l'empire, en suit les
impressions, en écoute les avertissements. Dans
les deux cas, l'âme n'est plus retirée en elle-
même, comme ces monades de Leibnitz qui,
disait-il, n'avaient pas de fenêtres sur le dehors,
monades non habent fenestras (1). Lorsque par
une froide journée de décembre, je m'approche
du feu et que je sens une chaleur bienfaisante
s'insinuer par degrés dans mon corps, je ne
suis plus une pensée pure, un moi abstrait ; je
sens mes organes, je suis présent à mon corps,
je me répands en quelque sorte dans toute
l'étendue de ma sensation. Et de même, lorsqu'un repos trop prolongé a engourdi mes

(1) Leibnitz, *Theses in gratiam principis Eugenii.*

jambes et que je veux leur rendre leur élasticité
en me promenant, la tension que je donne à
mes muscles n'est pas un fait complétement
extérieur à la conscience et au moi. Je sens mes
muscles, et mon énergie s'y localise. Ce fait de
la localisation de certaines sensations et de
certains actes du moi vivant dans les siéges
organiques est d'une portée considérable. Il
nous donne la clé d'un problème vraiment in-
soluble pour les spiritualistes cartésiens, le
problème de la perception des objets extérieurs.
Ne pouvant expliquer cette perception, les cartésiens en étaient venus au parti désespéré de
nier les corps (1). C'était une extravagance,
mais très-logiquement déduite des prémisses
posées par Descartes. A la place de cette âme
réduite à la pensée pure, sans rapport conce-
vable avec le corps, mettez l'âme humaine telle

---

(1) Voyez, dans les écrits du cartésien Berkeley, évêque de
Cloyne, l'étrange et ingénieux dialogue intitulé *Entretiens
d'Hylas et de Philonoüs*. Hylas, c'est la matière; Philonoüs,
c'est l'esprit, et il va sans dire que le dialogue se termine par
la défaite d'Hylas et le triomphe complet de Philonoüs.

3.

que Dieu l'a faite, telle que nous la montre
l'observation, et vous reconnaîtrez qu'il n'y a
pas une minute de la vie où le métaphysicien
le plus idéaliste, où le mystique le plus dégagé
de la terre ne soit averti tantôt par une sensation passive, tantôt par une action ou une
réaction spontanée, de l'existence actuelle de
telle ou telle partie de son corps, et par suite
de la présence et des qualités sensibles des corps
environnants.

Mais il y a encore une série de faits saisis par
une analyse plus délicate et qui ont été, sinon
niés, au moins passés sous silence par Jouffroy.
Nous ne sentons pas seulement certains de nos
organes quand ils sont frappés par les corps
extérieurs ; nous avons aussi le sentiment des
organes les plus cachés toutes les fois qu'un désordre, un accident quelconque vient en exalter
la vitalité. Je ne dis rien là que de très-facile à
vérifier. Qu'une émotion forte ou une autre
cause quelconque accélère le mouvement de notre
sang, nous sentons, quelquefois même très-
distinctement, les battemens de notre cœur,

les pulsations de nos artères. D'autres fois c'est
le diaphragme qui nous avertit de son existence
à la suite d'une émotion pénible ou d'une
brusque impression de joie. Ces faits, et tous
ceux de même famille, n'avaient pas échappé à
Maine de Biran, qui avait à la fois le génie et
le tempérament d'un observateur. C'était une
nature physiquement délicate, plus exposée que
les autres par la faiblessse et la finesse de ses
organes à subir les impressions du monde
extérieur. « Il est des hommes, dit-il, d'une
certaine organisation ou tempérament qui se
trouvent sans cesse ramenés au dedans d'eux-
mêmes... ils entendent pour ainsi dire crier les
ressorts de leur machine; ils les sentent se
monter ou se détendre, tandis que les idées se
succèdent, s'arrêtent et semblent se mouvoir
du même branle (1). »

Mais il n'est pas nécessaire que tel ou tel
ressort de la machine vienne à crier pour que   .

---

(1) Maine de Biran, *Nouvelles considérations sur les rapports du physique et du moral de l'homme*, édition de
M. Cousin, pages 118 et suivantes.

nous sentions nos organes. Même dans l'état le plus calme, en l'absence de toute impression vive, nous avons un sentiment continu du cours de la vie organique. Tantôt la vie coule en nous abondante et facile, tantôt elle semble s'alanguir.

Cela se sent particulièrement au réveil : c'est aujourd'hui un sentiment de faiblesse, de lourdeur, qui jette l'âme dans une insurmontable mélancolie ; un autre jour, ce sera une impression de force, de vigueur, un désir d'action extérieure, un goût de mouvement qui s'associera avec l'ardeur, la gaîté, l'allégresse de l'âme. Personne n'a mieux décrit ce fait qu'un philosophe de nos jours, observateur pénétrant autant que vigoureux logicien et écrivain plein de nerf, M. Louis Peisse. Il appelle fort bien ce sentiment continu de la vie organique *le retentissement, le perpétuel murmure du travail vital universel.* A l'appui de ce fait général, M. Peisse cite une impression très-caractéristique : quand une partie de notre corps vient, comme on dit, à s'endormir, nous

éprouvons une sorte de vide : « Cette sensation,
dit-il, est comme une lacune, un déchet que
subit le sentiment universel de la vie corpo-
relle. Elle prouve que l'état du membre en-
dormi était très-réellement, quoique très-
obscurément senti, et constituait un élément
partiel du sentiment général de la vie. Ainsi
en arrive-t-il d'un bruit continu, monotone,
qui cesse d'être perçu, quoiqu'il soit toujours
entendu. Vient-il à cesser brusquement, tout
aussitôt on s'aperçoit qu'il n'a plus lieu, et il
fait pour ainsi dire défaut à notre oreille (1). »
Dès la fin du xviii° siècle, Leibnitz et Stahl
avaient signalé cet important phénomène. Un
physiologiste allemand du dernier siècle, Reil,
proposait de lui donner le nom de *cœnesthèse*
(κοινὴ αἴσθησις), c'est-à-dire, sentiment général de
la vie organique. De nos jours, plusieurs psychologues habiles, en recueillant ces premières
indications, ont mis le fait en pleine lumière

(1) M. Peisse, note de son édition du livre de Cabanis,
p. 108.

et en ont tiré d'importantes conséquences.
M. Albert Lemoine en particulier, dans une
série d'études psychologiques où se révèle une
véritable vocation d'observateur (1), a insisté
sur ce sentiment que nous avons de nos organes les plus cachés, de leurs états notables
et du mouvement général de la vie. Il propose
d'introduire une sorte de sens nouveau, distinct à la fois des cinq sens proprement dits qui
nous mettent en relation avec le monde extérieur, et de ce qu'on appelle sens intime ou
conscience. Ce sens nouveau s'appellerait *sens
vital*. De quelque nom qu'on veuille le dé-
signer, il est certain qu'il existe un ensemble
de faits intermédiaires, qui ne sont ni des actes
purement subjectifs de l'âme, ni des phénomènes objectifs absolument étrangers à la conscience et à la personne. Ces faits se placent
sur la frontière de la psychologie et de la physiologie. Il sont spirituels et psychologiques en
tant qu'ils intéressent le moi d'où ils émanent
ou qu'ils affectent ; ils sont objectifs et physiolo-

(1) *L'âme et le corps*, 1 vol. in-18, chez Didier.

giques en tant qu'ils sont localisés dans les organes, tantôt d'une manière vague, tantôt d'une façon plus ou moins précise, et donnent à notre âme le sentiment de son union réelle, intime, effective, continue, avec le corps vivant.

La question est maintenant de savoir quel parti les nouveaux animistes prétendent tirer de ces faits. Tant que M. Bouillier se borne à les rappeler aux spiritualistes qui les oublient, tant qu'il s'applique à les observer et à les décrire, M. Bouillier est dans le vrai; mais quand il veut se servir de ces faits pour établir sa théorie, il les exagère, les défigure et en tire mille conséquences forcées. L'âme est active par essence, dit-il; soit, mais qu'est-ce que cela prouve? Apparemment l'activité de l'âme n'est pas sans limites. Jusqu'où s'étend-elle? A quoi s'applique-t-elle? C'est à l'expérience de le dire. Le savant auteur a senti sans doute le faible de son premier argument, et il a cru le renforcer par une addition, très-notable, il est vrai, mais très-compromettante. L'âme, suivant lui, n'est pas seulement une activité; cette définition est

trop générale. L'âme est une activité essentiellement motrice (1). Je rappellerai peut-être
tout à l'heure cette définition à l'auteur qui
paraît l'avoir complétement oubliée à la fin de
son livre, quand il s'applique à faire voir que sa
théorie ne compromet nullement l'existence indépendante de l'âme et la possibilité d'une vie
future; à l'heure qu'il est, je me borne à lui
faire remarquer que sa définition est complétement arbitraire. Comment l'auteur sait-il que
la puissance locomotrice fait partie essentielle
de l'âme humaine? Est-ce là une donnée de
l'observation? En fait, l'âme est capable de
mouvoir certains organes, et je consens à admettre qu'elle exerce ce pouvoir d'une manière
assez constante, quoique non rigoureusement
continue, puisque durant le sommeil, surtout
quand il est profond (2), tout semble indiquer
que l'âme a suspendu son effort locomoteur;

(1) *Du principe vital*, etc., p. 24.
(2) C'est une délicate question de psychologie de savoir si
le sommeil interrompt jamais complétement la pensée et la
conscience. Voyez, sur cette question et sur beaucoup d'au-

mais enfin, le pouvoir de l'âme sur les muscles
étant un pouvoir très-borné d'une part et très-
mystérieux de l'autre, il est assez naturel de
croire que ce pouvoir résulte, non pas de l'essence de l'âme, mais de sa condition présente,
du rapport momentané qui enchaîne l'être
pensant à des organes matériels et périssables.
De quel droit l'auteur affirme-t-il que l'âme est
par essence une activité motrice? C'est sans
doute qu'il croit avec Stahl que l'âme non-seulement meut certains organes, mais les gouverne tous; il croit qu'elle agit sur le corps,
non pas seulement durant la veille, mais durant
le sommeil, qu'il est dans sa nature de vivre
dans un corps, de se faire des organes et de
leur donner le mouvement et la vie. En d'autres
termes, l'auteur est stahlien, il pose en principe une définition de l'âme toute stahlienne.

tres, un livre de M. Alfred Maury plein d'observations qui ont
l'avantage précieux d'avoir été faites par l'auteur sur l'auteur
lui-même avec une parfaite bonne foi scientifique (*le Sommeil
et les Rêves*, études psychologiques, par M. Maury, de l'Institut; 1 vol. in-12, chez Didier).

Et pourquoi cela? Pour démontrer la thèse de
Stahl. Serait-il trop dur d'appeler pétition de
principe une telle manière de raisonner?

Il paraît d'ailleurs que l'auteur ne tient pas
beaucoup à sa définition stahlienne, car il la
retire un peu plus loin, et, réservant le nom
d'activité motrice pour les forces aveugles de la
nature, il déclare que le caractère distinctif de
l'âme humaine, c'est d'être une activité ayant
conscience de soi *vis sui conscia*. A la bonne
heure : j'aime cette définition, je la préfère infiniment à celle de Stahl, je crois que c'est la
seule définition convenable au spiritualisme ;
mais une telle définition mène fort loin. Si l'essence de l'âme humaine est d'avoir conscience
d'elle-même, il s'ensuit que ce qui est absolument étranger à la conscience est absolument
étranger à l'âme, et cela ne fait pas les affaires
de l'animisme.

Il est certain, dit l'auteur, que l'âme est
essentiellement active, et de plus qu'elle est
capable de mouvoir certains organes. Il est
donc possible qu'elle meuve tous les organes.

Et si cela est possible, pourquoi n'admettrait-on
pas que cela est réel, du moment surtout que
cette supposition est de toutes la plus simple?
J'avoue que je goûte peu cette façon d'argu-
menter *a priori* sur ce qui est possible. Savons-
nous bien ce qui est possible et ce qui ne l'est
pas?

Est-il conforme à une méthode sévère de
deviner ce qui peut être, ce qui doit être, au
lieu de chercher ce qui est? Quel singulier raisonnement que celui-ci : mon âme agit sur mes
bras, pourquoi n'agirait-elle pas sur mon foie
et sur ma rate? — Je répondrai au savant auteur : J'affirme que c'est ma volonté qui meut
mon bras, parce que la conscience me l'atteste;
mais, la conscience ne m'attestant pas que
j'agisse sur ma rate et sur mon foie, je n'affirme rien touchant le principe de cette action.
Vous convenez expessément que le caractère
distinctif de mon activité personnelle c'est
d'avoir conscience de ses actes; je ne dois donc,
d'après vous-même, m'imputer que les actes
dont j'ai conscience. De deux choses l'une,

retirez votre seconde définition, ou renoncez à
votre argument.

Ce serait une chose bien étrange, poursuit
l'habile avocat de l'animisme, que l'âme, qui a
du pouvoir sur tel muscle, n'en eût aucun sur
le muscle voisin! — Je conviens qu'il y a là
quelque chose de mystérieux; mais l'animisme
enlève-t-il ce mystère? Supposons avec lui
qu'en réalité ce soit mon âme qui, à l'aide du
nerf grand sympathique ou autrement, agisse
sur la circulation de la lymphe ou sur la formation de l'urée, en même temps qu'à l'aide
des nerfs de l'axe cérébro-spinal elle agit sur
les organes de la vie de relation : n'est-ce pas
une chose étrange que la première de ces
actions échappe complétement à la volonté et à
la conscience, tandis que la seconde tombe sous
la prise de la conscience et de la volonté? L'animisme n'explique pas cela; il ne supprime donc
un mystère que pour en créer un nouveau.

Il faut accorder au moins, dit-on, qu'il est
plus simple de n'admettre pour ces deux faits
qu'un seul et même principe. L'argument est

d'un emploi dangereux. Il faut se défier des systèmes simples. Quoi de plus simple que le matérialisme absolu, qui explique l'homme tout entier avec des atomes plus ou moins subtils ? — On aura beau faire, l'homme est un être très-compliqué, et l'animisme, en dépit de son goût pour l'unité, est forcé de reconnaître au moins une certaine dualité, celle de l'âme et du corps.

J'ai hâte de sortir de ces abstractions, de ces raisonnements *a priori*, de ces conjectures métaphysiques. Consultons les faits. Depuis Stahl, l'animisme se plaît à constater l'influence qu'exercent les passions de l'âme sur l'état des organes. En effet, cette influence est considérable, et j'ajoute qu'elle est réciproque. Une injure toute morale fait bouillonner le sang. Une joie très-forte arrête la respiration. La peur paralyse les membres et empêche de fuir. Je n'irai pas jusqu'à dire, avec le docteur Feuchtersleben, que pour vivre il suffit de vouloir (1). Le savant homme se permet là une

____

(1) *Hygiène de l'âme,* traduit de l'allemand sur la ving-

hyperbole un peu trop forte; mais, qui n'a
entendu attester par des hommes de guerre,
combien *un bon moral* soutient le soldat dans
les fatigues de la marche et du bivac? Et quand
il est blessé, si l'énergie de sa volonté l'accompagne à l'ambulance, elle aide le chirurgien
dans ses opérations les plus sanglantes et les
plus périlleuses. On me permettra de citer ici
un fait qui est à ma connaissance presque
personnelle. Un ami de ma famille me racontait,
pendant mon enfance, que son père, homme
très-attaché de cœur à nos anciens rois, le jour
où il apprit la condamnation de Louis XVI,
tomba mort. Si un chagrin de l'âme peut tuer
le corps, l'influence réciproque du corps sur
l'âme n'est pas moindre. Qui peut nier qu'une
bonne hygiène ne soit nécessaire à l'équilibre
des facultés intellectuelles? Il suffit, pour troubler la plus puissante intelligence du monde,
d'un de ces petits cailloux dont parle Pascal,
qui, placés ici plutôt que là, causent d'effroya-

tième édition, par le docteur Schlesinger-Rahier, avec une
introduction par M. Delondre, 1 vol. in-12.

bles douleurs. N'insistons pas : tous ces faits
sont bien connus. Stahl, Cabanis, Maine de
Biran, et depuis ces maîtres, Frédéric Bérard,
M. Flourens, M. Lélut (1), en ont composé une
science des plus riches et des plus intéressantes,
qu'on appelle la science des *rapports du physique et du moral.* Ces faits prouvent qu'il
existe entre l'âme et le corps des rapports in-
times; prouvent-ils que l'âme soit la cause des
actes vitaux? Nullement : à côté de chaque fait
cité pour établir la dépendance où l'âme est de
la vie organique, on peut citer un autre fait qui
plaide pour l'indépendance.

Il y a des hommes chez qui l'énergie vitale
est languissante et qui déploient la plus rare
puissance d'esprit : témoin Pascal, Spinoza et
tant d'autres. Qui n'a entendu citer quelqu'un
de ces vieillards qui nous offrent le spectacle
admirable d'une force d'âme invincible au mi-

(1) Voyez le livre récent de M. Lélut, intitulé *Physiologie
de la pensée* (2 vol. in-8, chez Didier). C'est le résumé d'une
vie entière consacrée à l'observation des rapports de la pensée
avec l'organisme.

lieu du dépérissement des organes? En général, la vigueur de l'esprit, soit dans la politique, soit dans la science, ne se déploie dans toute sa plénitude qu'à l'âge où l'activité vitale vient à s'affaiblir. Descartes assure quelque part que le chagrin, à un certain degré, aiguise l'appétit(1). Si le fait est vrai, il prouve, quoique assez humiliant, l'indépendance réciproque et l'opposition de l'âme et de la vie organique. Aussi bien quelle âme élevée, au milieu des plus nobles contemplations, n'a senti avec un peu de confusion les demandes de la bête, les importunités de cet hôte exigeant que l'aimable et spirituel Xavier de Maistre appelle l'*autre*? On assure qu'à la guerre le premier coup de canon produit une émotion involontaire chez les braves, et que lorsque les balles sifflent dans l'air, un mouvement machinal fait baisser la tête. On

---

(1) « J'observe, dit Descartes, que dans la tristesse ou le danger, ou bien quand j'ai des affaires désagréables, mon sommeil est profond et ma faim canine... » Voyez les *Pensées* de Descartes, fragments inédits récemment publiés par M. Foucher de Careil, t. I, page 6, chez Ladrange.

appelle cela *saluer les balles*. Le mot de Turenne
est assez connu : « Tu trembles, carcasse, tu
tremblerais bien plus, si tu savais où je veux
te conduire. » De cet ensemble de faits qu'on
pourrait grossir à l'infini, ne semble-t-il pas
résulter que, dans notre être divers et compliqué, la vie organique et la vie intellectuelle
sont aux prises comme deux principes rivaux,
destinés sans doute à s'accorder en général,
mais ayant souvent bien de la peine à se mettre
d'accord dans les cas particuliers?

Le défenseur de l'animisme paraît s'être
aperçu qu'il n'arriverait avec ce genre d'argu-
ments qu'à des vraisemblances combattues par
des vraisemblances. Que fait-il dans cet embarras? Une manœuvre étrange et hardie, ce
qu'on appelle en stratégie un changement de
front. Jusqu'à ce moment, il avait raisonné
comme si les actes vitaux ne tombaient pas sous
la conscience. De là ses recherches sur l'essence
de l'âme considérée *a priori*, de là ses conjectures sur ce que l'âme peut et ne peut pas faire,
sur ce qu'il est plus ou moins simple, plus ou

moins commode de supposer qu'elle fait ; de là
aussi le soin avec lequel il analyse les perceptions insensibles, les actes de l'instinct et de
l'habitude ; de là enfin son zèle contre la psychologie de Maine de Biran et de Jouffroy,
coupable à ses yeux d'enchaîner trop exclusi-
vement la psychologie aux faits de conscience.
Tout à coup l'auteur se ravise : il se demande
si les actes vitaux sont véritablement étrangers
à la personne morale ; il conjecture qu'en ob-
servant bien on pourrait apercevoir quelques
lueurs de conscience dans l'exercice de l'activité
organique. Enfin, après quelques tàtonnements
l'auteur se décide. Il affirme résolûment que
les actes vitaux tombent sous la conscience ;
que dis-je ? non-seulement les actes vitaux, mais
le principe même de la vie.

On est confondu de cette brusque déclara-
tion. Quoi ! vous avez la preuve d'un fait si
nouveau, si décisif, et pendant trois cents pages
vous en faites mystère à votre lecteur ! Vous
l'amusez à chercher ce qui peut être, quand
vous savez pertinemment ce qui est ! Vous lui

présentez l'animisme comme une hypothèse
recommandable par sa simplicité, et puis cette
hypothèse n'en est plus une ; elle est un fait,
une donnée immédiate de l'observation ! Cette
marche oblique, ces louvoiements de la démonstration me mettent en défiance. J'oserai vous
demander si vous êtes bien sûr de votre fait,
car vous n'en paraissez pas toujours très-con-
vaincu. La main sur la conscience, sentez-vous
que ce soit votre activité personnelle qui pro-
duise dans vos artères la circulation du sang ?
Oui, dites-vous ; mais j'hésite à vous prendre
au mot. Il y a peut-être ici quelque malentendu.
Quand vous parlez de la conscience de la vie,
vous entendez sans doute ce fait déjà cité plus
haut et sur lequel nous sommes d'accord, je
veux dire le sentiment particulier que nous
avons de tel ou tel de nos organes, à l'occasion d'une sensation venant du dehors, d'un
mouvement volontaire, d'une lésion interne,
ou bien encore ce sentiment général du cours
difficile ou aisé, fort ou languissant, de la vie
organique. Plusieurs psychologues ont constaté

et décrit ce phénomène ; mais ils n'en ont pas
conclu que l'âme fût le principe des fonctions
vitales. Vous êtes trop exercé à l'analyse pour
ne pas voir l'énorme différence qu'il y a, entre
sentir l'état particulier d'un organe et l'état
général de l'organisme, ce qui est le point ac-
cordé, et d'un autre côté, produire la vie organique et avoir conscience qu'on l'a produite,
ce qu'il s'agit pour vous d'établir. Le premier
de ces faits, sentir la vie, est un fait passif ; le
second, produire la vie, est un fait actif au suprême degré. Quoi ! vraiment, vous avez conscience de produire la circulation du sang !
Cette affirmation est étrange. Il a fallu des siècles à la physiologie avant de découvrir ce
grand et capital phénomène. Aristote, Galien
l'ont ignoré. Et quand Michel Servet l'eut décrit en partie, quand Harvey l'eut établi par
des expériences précises, que de peine on eut
à persuader aux hommes que le sang circule
dans leurs veines ? Or, si l'on en croit le nouvel
animisme, l'acte qui fait circuler le sang est un
acte que chaque homme produit et dont il a

conscience. Cette conscience est donc bien obscure, s'il a fallu tant de siècles pour la porter
au grand jour. J'admire la prodigieuse lucidité
de nos animistes, et cela donnerait envie d'en
profiter pour jeter quelque lumière sur une
foule de mystères physiologiques. On cherche
encore aujourd'hui à quoi sert la rate. Je demanderai aux animistes de vouloir bien nous
renseigner à cet égard, car si l'âme agit sur la
rate en ayant conscience de son action, il est
difficile qu'elle ne sache pas quelque chose sur
le résultat de cette action.

Les nouveaux animistes m'accuseront de
leur imputer les exagérations de Claude Perrault et de Stahl. Je conviens qu'il y en a de
fort singulières, et lorsque j'apprends de
M. Bouillier, dans un des chapitres les plus
neufs et les plus intéressants de son livre, que,
selon Claude Perrault (1), précurseur de Stahl,
dès la naissance d'un enfant et même au sein

(1) Il s'agit de Perrault l'architecte, l'auteur de la colon-
nade du Louvre, qui a aussi laissé sa trace dans l'histoire des
sciences physiologiques et médicales.

de sa mère, son âme a résolu de faire circuler
le sang dans l'intérêt du corps, et qu'elle a
pratiqué cette sage résolution avec une assi-
duité si louable et si constante qu'elle s'en est
fait une habitude, une de ces habitudes aux-
quelles on obéit sans s'en rendre compte, j'a-
voue que j'ai de la peine à prendre cette théorie au sérieux. Je crois entendre Voltaire dire
à l'âme de Claude Perrault : C'était bien la
peine, ma pauvre âme, d'être si savante au
ventre de ta mère, pour être obligée d'aller ensuite à l'école et d'y apprendre péniblement ce
que tu savais si bien sans avoir rien appris !

M. Bouillier, qui est homme de sens et d'esprit, ne se défend pas de rire aussi quelque
peu (1) aux dépens de Claude Perrault, bien
qu'ancêtre de l'animisme et ancêtre par lui
presque découvert ; mais à parler sérieusement,
et en laissant de côté les écarts d'un esprit ex-
centrique, sur le fond de la théorie, j'oserai
dire que le nouvel animisme dépasse l'ancien

_____

(1) *Du principe vital*, etc., ch. xiv.

en témérité. Claude Perrault a la bonne foi
de convenir que, par une raison ou par une
autre, l'âme ne s'aperçoit plus, après quelque
temps, qu'elle fait digérer le corps. Stahl,
qui semble au contraire concevoir la digestion comme une affaire de raison et de volonté, corrige cette étrange assertion par une
distinction ingénieuse entre deux formes de
la raison. Il y a, dit-il, le λόγος et le λογισμὸς.
Le λογισμὸς, c'est la raison réfléchie, ayant conscience et mémoire ; le λόγος, c'est une raison
antérieure et supérieure, une raison qui agit
d'une manière simple, sans se redoubler dans
la conscience, et c'est pourquoi ses opérations
ne peuvent être représentées à l'imagination ni
rappelées par la mémoire. C'est le λόγος qui
éclaire l'âme, quand elle dirige les organes
avec tant de spontanéité, de sûreté, de précision.
Quand, au contraire, l'âme agit d'une manière
indécise, laborieuse, inégale, c'est qu'elle se
sert du λογισμὸς.

Stahl développe cette distinction avec beaucoup d'esprit. Considérant l'état de maladie, il

compare l'âme, ce médecin presque infaillible
qui travaille avec une énergie sûre d'elle-même
à l'expulsion du principe morbide, à ces médecins indécis et maladroits, à ces raisonneurs
qui, au lieu de surveiller du regard le mouvement réparateur de la nature, imaginent des
maladies, raisonnent à perte de vue, prodiguent
les remèdes et finissent par tuer le malade
selon toutes les règles. C'est qu'ils se servent
du λογισμός, tandis que la nature se sert du
λογός.

Tout cela est très ingénieux ; tout cela est-il
solide et vrai ? Je ne cherche pas en ce moment
à le savoir ; mais je constate que Stahl, cet esprit si hardi, cet animiste si convaincu, a au
moins reconnu que les actes vitaux ne sont pas
des phénomènes de conscience. Notre nouvel
animiste est plus hardi que Stahl. Il veut
d'abord que l'âme forme, gouverne et guérisse
le corps, et de plus qu'elle ait conscience de faire
tout cela. Voilà toute une révolution dans la
science de l'homme. Toute barrière tombe entre la physiologie et la psychologie. La physio-

logie, en effet, est la science des fonctions vitales.
Or, si les fonctions vitales, non-seulement émanent de l'âme pensante, mais tombent immédiatement sous la conscience, elles sont des
fonctions psychologiques au même titre que les
fonctions intellectuelles et celles de la volonté.
Il n'y a plus en dehors de la psychologie,
science générale de la vie, que l'anatomie ;
encore pourrait-on soutenir que l'anatomie est
une partie de la psychologie, car il est impossible que l'âme, agissant sur les organes les
plus cachés avec conscience de son action, n'ait
pas sur les tissus, les nerfs et les os, toute sorte
de belles connaissances dont l'anatomiste gros-
sier, qui n'a que ses yeux et son scalpel, ne
manquera pas de profiter. C'est ainsi que le
nouvel animisme, en exagérant l'union des deux
sciences qui se partagent l'homme, est arrivé à
les confondre, et, pour avoir voulu donner à
l'hypothèse de Stahl une base dans les faits, en
est venu à outrepasser le stahlianisme et à se
mettre en contradiction flagrante avec l'expérience et le sens commun.

III

Nous avons fait ressortir quelques-unes des difficultés que rencontre l'animisme. On nous demandera peut-être si nous l'avons combattu dans l'intérêt d'un autre système. Vous ne voulez pas de la théorie de Stahl, nous dira-t-on ; vous êtes donc pour la théorie de Barthez ? ou, peut-être, pour celle de Bichat?

Nous l'avouerons, Barthez et Bichat ne nous satisfont pas plus que Stahl, et nous inclinons à croire que le problème de la vie est un de ceux qui n'ont pas encore été résolus. Ce qui nous met d'abord en défiance, c'est le nombre même des systèmes. J'en puis citer au moins

cinq, et il semble qu'il y en ait presque autant,
qu'il y a de sciences particulières se partageant
les phénomènes de l'univers. Et d'abord, se
présente la physique avec la prétention de ramener la vie à une disposition moléculaire.
Cette tendance absorbante des physiciens date,
comme nous l'avons vu, de Descartes. « Don-
nez-moi de l'étendue et du mouvement, disait
l'audacieux auteur du système des tourbillons,
et je me charge de faire le monde. » Il se mit
à l'œuvre en effet, et quand il crut avoir expliqué mécaniquement tous les grands phénomènes du ciel et de la terre, il fit subir enfin à
son système l'épreuve la plus redoutable ; il
entreprit de ramener la vie à un mécanisme,
et composa ses traités *de l'Homme* et *de la
formation du fœtus*. Pour lui, l'homme est un
petit tourbillon, et tout s'y passe comme dans
les tourbillons célestes. « Les corps qui ont vie,
dit-il, ne sont que des petits ruisseaux qui
coulent toujours. » On dira que cette explication de la vie n'a plus, à l'heure où nous sommes, un seul partisan. Il n'en est rien ; le mé-

canisme de Descartes et de Boerhaave subsiste
encore, sinon à l'état de doctrine, du moins à
l'état de tendance. Il y a aujourd'hui et il
y aura longtemps encore des physiciens con-
vaincus qu'on peut ramener tous les phénomènes de la nature, même ces phénomènes si
délicats et si compliqués de l'organisation, aux
lois générales du mouvement.

Mais à côté de la physique il y a une science
plus jeune qui a fait depuis Lavoisier de merveilleux progrès, c'est la chimie. Cette science
a devant elle un nombre immense de phénomènes qu'il paraît difficile de réduire au pur
mécanisme. Voici deux corps qui peuvent
exister à part, l'hydrogène et l'oxygène ; chacun
a ses propriétés physiques, sa densité, son élasticité, etc. Ce sont deux gaz. Rapprochez-les
dans certaines conditions, ils se combinent et
produisent de l'eau. Il y a là autre chose, à ce
qu'il semble, qu'un simple changement dans la
disposition des molécules. Il y avait *affinité*
entre les deux gaz ; il y a eu *combinaison*.
L'affinité, la combinaison, ce sont là des phé-

nomènes parfaitement originaux. Or il est certain que ce genre de phénomènes joue un grand rôle dans les fonctions organiques. Qu'est-ce que la respiration ? Mécaniquement, on peut comparer le mouvement des poumons à celui d'un soufflet de forge ; mais ce n'est pas là tout le phénomène. Il y a de plus un rapprochement qui s'établit par endosmose entre l'air atmosphérique et le sang qui se répand dans les poumons à travers les mille ramifications de l'artère pulmonaire ; par suite, une combinaison entre l'oxygène de l'air et le carbone du sang, par suite, une combustion toute semblable à celle qui a lieu dans nos foyers, et de là, formation d'acide carbonique, production de chaleur, transformation du sang veineux en sang artériel. La respiration, à ce point de vue, paraît un phénomène tout chimique. On en peut dire autant de la digestion ; elle consiste en une certaine combinaison qui se forme entre les aliments préparés par la mastication et la salivation et certains sucs que sécrète l'estomac. Généralisez ces faits, et vous aurez une nouvelle

manière d'envisager et d'expliquer la vie, une
nouvelle doctrine ou du moins une nouvelle
tendance ; elle peut s'exprimer ainsi : la vie
est un système de réactions chimiques.

Voilà déjà deux systèmes ; mais l'expérience
survient, qui leur oppose de graves difficultés.
Pour n'en citer qu'une, si la vie n'est qu'un
phénomène mécanique ou une combinaison
chimique, d'où vient l'impuissance absolue de
la physique et de la chimie à produire le plus
petit être organisé ? Nos chimistes modernes
font de l'urée, ils font de la stéarine, de la bu-
tyrine... Que ne font-ils pas ? On assure que
plus d'un se flatte d'arriver à quelque chose
d'infiniment plus surprenant. Qu'est-ce à dire ?
en reviendrions-nous aux illusions de l'alchi-
mie ? En attendant qu'on nous fasse l'*androïde*
tant espéré des sorciers du moyen âge, je demande qu'on me montre, je ne dis pas un in-
secte, mais le plus petit végétal, le moindre
mycoderme, sorti des cornues de la chimie.

Il faut donc, paraît-il, admettre l'organisation comme un acte *sui generis*; mais ici les

physiologistes se divisent : les uns font de la
vie une propriété de certains corps, de certains
tissus ; ils la supposent répandue dans les corps
vivants comme la pesanteur est répandue dans
tous les corps. Il y a certains corps, disent-ils,
qui, outre leurs propriétés physiques et chimiques, manifestent une propriété d'un nouveau
genre : ils sont susceptibles de se contracter,
de s'irriter, de sentir. Contractilité, irritabilité,
sensibilité, ce sont là les formes, les manifes-
tations de la vie, comme la chute des corps est
une manifestation de la pesanteur.

Tel est le système un peu indécis auquel se
rallient, à des titres divers, Haller, Bichat, et
généralement l'école médicale de Paris. On
l'appelle l'organicisme, parce que la vie, à ce
point de vue, est inséparable des organes
vivants.

Mais contre l'école de Paris voici l'école
de Montpellier qui proteste. Barthez et ses disciples, Dumas, Fouquet, et le plus illustre
survivant de cette école, le professeur Lordat,
opposent à l'organicisme un grand fait, l'unité

de la vie. Si la vie n'est autre chose qu'une
force diffuse, semblable à la pesanteur, comment comprendre l'harmonie des fonctions organiques? Et quand on considère surtout les
animaux les plus élevés de la série, la différence
des tissus dont ils sont formés, la multiplicité
prodigieuse de leurs organes, comment expliquer l'unité qui s'y fait sentir? Il faut donc
admettre quelque chose de plus que des propriétés vitales; il faut reconnaître une force
propre, une, identique, qui a formé les organes,
qui les conserve, qui les répare. C'est là le
principe vital, qui a donné son nom au vitalisme.

Qu'est-ce pourtant que ce principe vital?
Est-il matière ou esprit? est-il distinct du corps
et distinct aussi de l'âme pensante, de l'âme
proprement dite? Barthez ne s'expliquait pas
très-nettement là-dessus. Fils d'un siècle où la
peur de la métaphysique était à l'ordre du jour,
et craignant qu'on ne traitât le principe vital
d'entité à la Duns Scot, il hésita, il capitula et
réduisit son principe à une sorte d'inconnue, x,

cause indéterminée des phénomènes vitaux (1).
Ses disciples ont eu plus de bravoure, et ils
soutiennent aujourd'hui qu'il y a dans l'homme,
outre la matière toujours changeante, deux
forces qui persistent, un double dynamisme,
comme ils disent : d'abord la force vitale qui
préside à la vie organique, et puis au-dessus le
sens intime ou l'âme pensante, principe de la
vie intellectuelle.

Ce système est spécieux. Maine de Biran et
Jouffroy y ont incliné. Son côté faible c'est
l'excès de complication. Trois substances dans
l'homme, c'est beaucoup. Ce principe vital,
qui n'est ni une âme intelligente ni un corps,
est assez difficile à concevoir. Il a le tort de
rappeler les *archées* de Paracelse et de van Hel-

(1) Dans ses *Éléments de la science de l'homme*, récemment réimprimés par un digne héritier du nom de Barthez,
l'illustre chancelier de la faculté de Montpellier accepte la
formule suivante comme une expression exacte de sa doctrine :
« La chose qui se trouve dans les êtres vivants et ne se trouve
pas dans les morts, nous l'appellerons âme , archée, principe
vital, x, y, z, comme les qualités inconnues des géomètres. »
(Note 2 du tome I de l'édition de 1806).

mont, les forces plastiques de Cudworth. Et puis que devient au milieu de cette complication de principes l'unité de l'homme? On peut voir dans le livre de M. Bouillier le développement très-habile, très-vif, très-spirituel, de ces objections contre le duo-dynamisme de l'école de Montpellier; mais on a pu voir dans les pages qui précèdent que le système animiste est aussi sujet à bien des difficultés.

Tels sont en substance les cinq systèmes qui se combattent depuis trois siècles, et dont aucun n'est parvenu à ruiner définitivement aucun des quatre autres. Cela ne laisse-t-il pas soupçonner que la question n'est pas résolue? Aussi le reproche que nous avons adressé aux nouveaux animistes, ce n'est pas que leur système soit plus mauvais que les autres; mais c'est de nous donner une hypothèse pour une vérité scientifique. Quant à nous, le rôle qui nous paraît le plus philosophique dans cet état de la question, c'est d'abord de ne pas conclure sur le mystère de la vie, et puis de proclamer et de maintenir en face des hypothèses et des tâtonnements de

la physiologie, les titres et les droits de sa
sœur aînée, la psychologie, car la physiologie
est d'hier : elle date d'Harvey, comme la chimie date de Lavoisier. La psychologie remonte
à Socrate, et dès Aristote elle a été constituée
par des travaux immortels.

On entend célébrer à grand bruit la gloire
des sciences physiques et naturelles. Rien de
plus légitime, et certes il y aurait de l'ingra-
titude à ne pas reconnaître la beauté de leurs
découvertes et le bienfait de leurs applications;
mais regardez ces sciences, non pas du côté
pratique, mais du côté spéculatif : demandez-
leur, non plus ce qu'elles procurent d'agréable
à notre corps, mais ce qu'elles apprennent à
notre esprit; vous serez confondu de l'immen-
sité de leurs lacunes. La physique, la chimie,
la physiologie amassent des myriades de faits,
découvrent chaque jour de nouvelles lois. C'est
à merveille; cependant un fait n'est qu'un fait,
et une loi n'est qu'un fait encore, un fait gé-
néralisé. Je demande maintenant à comprendre
le fait, et il n'y a qu'un moyen pour cela, c'est

de m'éclairer sur la cause. La loi de la gravitation universelle est admirable. C'est une belle loi aussi que celle des équivalents chimiques et celle des proportions multiples. Les découvertes de Bell et de Magendie sur le rôle distinct des nerfs de la sensibilité et des nerfs du mouvement sont les plus intéressantes du monde ; mais quand vous me parlez de gravitation, d'affinités chimiques, d'action musculaire et d'action nerveuse, me parlez-vous d'un fait ou d'une cause? La gravitation comme fait est un mouvement, cela est clair ; l'action musculaire comme fait est aussi un mouvement, rien de plus simple ; mais la cause? Quelle est la cause de la gravitation? Direz-vous que c'est l'attraction? Pure métaphore. Autant vaudrait parler des *sympathies* des corps à la façon des alchimistes du xiiie siècle. Je répète donc que tant qu'il s'agit de constater les phénomènes de la gravitation, de l'affinité, de l'action nerveuse, et de ramener ces faits à une forme générale, les sciences s'en acquittent parfaitement ; mais s'agit-il de comprendre ces phénomènes, de

savoir quelle est la cause de l'attraction, quelle
est la cause de l'affinité, quelle est la cause de
la vie, voilà ce que la physique, la chimie et la
physiologie ne m'apprennent pas. La psychologie, tant dédaignée de certains savants, n'a
pas les découvertes inattendues et les applications éblouissantes de la physique et de la
chimie; mais elle a un avantage incomparable:
elle saisit une cause. Au-delà des faits, au-
dessus des lois, elle atteint un principe, elle le
saisit d'une prise immédiate, elle peut le décrire, l'analyser et en marquer les attributs
essentiels. Cette cause, c'est l'être qui a conscience de lui, c'est le principe qui sent, qui
pense, qui veut, qui meut. Là est le type de
la notion de cause. On se rit des causes finales et des causes efficientes; mais, quand je
fais un acte de volonté, voilà une cause effi-
ciente, une cause intentionnelle, agissant pour
une fin. Avec la cause, la psychologie me donne
la substance, qui n'est que la cause considérée
dans sa virtualité; elle me donne l'unité, l'iden-
tité, la durée, toutes les notions essentielles.

5.

C'est ainsi que la psychologie fournit une base expérimentale à la métaphysique. Elle doit un tel privilége à ce que, seule entre toutes les sciences d'observation, elle saisit autre chose que des faits et des lois : elle est l'intuition immédiate d'une cause.

On nous pardonnera maintenant de n'avoir pas épargné les reproches à la doctrine des nouveaux animistes. Cette doctrine a un tort capital à nos yeux, c'est de mettre en péril le caractère distinctif de la psychologie, qui est de se développer à la lumière de la conscience. J'accorde maintenant que plus cette science maîtresse a d'importance, plus il est grave de la rétrécir. Je reconnais que, dans leur effort pour constituer la psychologie, l'école carté- sienne, l'école écossaise, et de nos jours enfin, plus d'un philosophe spiritualiste, ont laissé quelque chose à regretter. Sans tomber dans l'excès de Descartes, de Malebranche, de Leib- nitz, qui brisaient les liens qui unissent l'âme au corps, le spiritualisme contemporain n'est pas tout à fait exempt de reproche à cet égard.

Il faut une psychologie plus exacte et plus
étendue qui nous montre l'homme tel qu'il est,
l'homme tout entier. Pour nous borner ici à
quelques indications, il y a au moins deux
facultés nouvelles à introduire dans les cadres
de la science : d'une part le *sens vital*, ou de
quelque nom qu'on l'appelle, ce sentiment que
nous avons de l'état particulier de nos organes
et de l'état général de l'organisme ; de l'autre
la *faculté locomotrice* ou la puissance de mouvoir une partie de nos organes. Ce qu'on appelle
proprement la volonté, ne peut ici suffire. Avant
de vouloir remuer mes membres, je les ai
remués sans le vouloir. Je ne puis vouloir les
remuer que si je m'en sais capable. Il y a donc,
antérieurement à l'activité volontaire et réfléchie, une activité spontanée qui s'applique aux
organes de la vie de relation et les meut directement (1).

(1) Si la faculté locomotrice, reconnue par Aristote dans le
περὶ ψυχῆς, rentre, après un long exil, dans les cadres de l'enseignement psychologique, l'honneur en reviendra à un éminent observateur, M. Adolphe Garnier, qui représente et qui

Voilà le côté terrestre de l'homme ; mais il y
en a un autre qu'on pourrait appeler son côté
céleste : je veux parler de toutes ces tendances
primitives, cachées dans les plus secrètes profondeurs de l'âme humaine, notions innées,
aspirations mystérieuses, semences obscures
qui semblent ensevelies dans le sommeil, mais
qui se réveillent tout à coup, éclatent comme le
feu qui jaillit du caillou, comme l'étincelle qui
couve sous la cendre. Ce sont là ces *rapidæ
cogitationes* de saint Augustin, ces *perceptions
sourdes* de Leibnitz, tout un monde de faits
que le rationalisme aurait d'autant plus tort
de dédaigner qu'ils lui fournissent l'explication
vraie de toutes les sublimités et de toutes les
illusions du mysticisme. Un grand psychologue
dont le nom s'est présenté bien des fois sous
notre plume, Maine de Biran, après avoir,
pendant la plus grande partie de sa carrière,
fait effort pour établir les droits de la volonté,

continue la tradition franco-écossaise de Royer-Collard et de
Jouffroy. Voyez son traité *Des facultés de l'âme*, livre III,
tome I, pages 61 et suivantes.

sentit enfin que la volonté ne se suffit pas à
elle-même. Il admit qu'il y a dans l'âme humaine troies vies : la vie sensitive, la vie volontaire, enfin la vie religieuse ou mystique. Dans
cette théorie, que Maine de Biran n'a fait
qu'ébaucher, il y a une vérité profonde. La
psychologie comprend en effet trois régions
distinctes que Maine de Biran avait seulement
le tort de trop séparer : au centre, la vie réfléchie, volontaire, toute resplendissante de clarté ;
à côté, au-dessous, une vie obscure et subal-
terne, la vie animale, la vie de la bête ; à l'ex-
trémité opposée, au-dessus, non-seulement de
la bête, mais de ce qu'il y a de proprement
humain dans la réflexion et la volonté, une vie
sublime et obscure, qui inspire la raison, qui
prévient et soutient la volonté, qui fait les saints
et les héros, et jette dans les âmes, même les
plus médiocres ou les plus dégradées, quelques
éclairs d'héroïsme, quelque instinct confus du
grand, du beau et du saint. Cette partie angé-
lique et presque divine de l'âme humaine,
Malebranche la signalait sous le nom de *grâce*.

naturelle, par opposition à la grâce surnaturelle
des théologiens; de nos jours, M. Cousin l'a
appelée spontanéité, raison impersonnelle, et
en a inauguré la théorie scientifique. Quant à
Maine de Biran, il ne savait comment unir ces
trois vies. Il aurait volontiers admis trois âmes.
L'exagération est manifeste, car une vie sensitive étrangère à la personne morale, au moi,
c'est quelque chose d'inconcevable, et une vie
en Dieu où le moi serait aboli, c'est la vieille
illusion des mystiques, invinciblement repoussée par le sens commun.

Reconnaître ces trois formes d'une seule et
même vie, en déterminer les différences et les
harmonies, s'établir dans le centre lumineux
de la conscience et de là rayonner en tous sens,
donner une main à la physiologie, et de l'autre
rejoindre la métaphysique et la religion, voir
l'homme tout entier, aussi bien dans sa condition terrestre que dans ses hautes parties et
dans ses perspectives immortelles, le mettre en
un juste rapport avec cet univers où il passe,
avec Dieu qui le guide et qui l'attend, tel est

le cadre que nous proposerions volontiers à quelque esprit à la fois observateur et méta- physicien, qui s'acquerrait, en le remplissant, une gloire durable.

L'ESTHÉTIQUE FRANÇAISE

EXAMEN D'UNE NOUVELLE THÉORIE DU BEAU

L'ESTHÉTIQUE FRANÇAISE

La science du beau chez les modernes est
toute récente. En Écosse elle date d'Hutcheson,
en Allemagne de Kant, en Angleterre de Burke,
en France de M. Cousin. Sans dédaigner l'élé-
gant *Essai sur le Beau* de cet aimable, honnête
et courageux jésuite, le père André, sans faire
tort non plus aux *Salons* de Diderot, où la verve
incohérente et fumeuse de ce mobile génie éclate
en mille brillants aperçus, on peut dire que
c'est seulement depuis un demi-siècle que la

(1) Écrit pour la *Revue des deux mondes* à l'occasion du
livre de M. Charles Lévêque : *La science du Beau*, 2 vol. in-8.

philosophie du beau a pris parmi nous la forme d'une science.

L'ouvrage que M. Charles Lévêque donne aujourd'hui au public vient en droite ligne du mouvement philosophique de 1818. Il ne doit rien à l'Allemagne, ni à l'Écosse ; c'est un livre tout français. Pour le juger, il faut voir ce qu'il emprunte et ce qu'il ajoute même aux travaux de M. Cousin et de M. Jouffroy. J'omets ici le nom de Lamennais, qui a pourtant traité certaines parties de l'esthétique avec grandeur et originalité ; mais, en dépit de son beau style, l'illustre auteur de l'*Esquisse d'une Philosophie* n'a pas su donner à son idéalisme emprunté et tardif un caractère philosophique bien déterminé. Si M. Charles Lévêque n'avait eu d'autre ambition que de résumer les travaux de l'esthétique française, il suffirait de dire qu'il s'est acquitté de cette tâche avec beaucoup de talent, que son livre, parfaitement composé, écrit avec finesse et délicatesse, abonde en pages charmantes, en chapitres élégants et ingénieux ; mais M. Charles Lévêque a placé son but plus

haut. Il a voulu faire avancer d'un pas la science
à laquelle il a consacré sa vie. Félicitons-le de
cette noble ambition avant même de chercher
jusqu'à quel point il a réussi. Nous vivons dans
un temps où les prétentions démesurées de la
vanité cachent mal un fonds de timidité et
d'impuissance incurables. Jamais il n'a été plus
à propos d'applaudir aux entreprises coura-
geuses de ce petit nombre d'esprits sincères qui
ont encore de la jeunesse, de l'enthousiasme et
de la foi.

I

Quel était, en 1818, l'intérêt le plus pressant
de la philosophie? C'était de consommer la
défaite du sensualisme condillacien. Aussi les
travaux de l'école nouvelle eurent-ils alors un
caractère essentiellement polémique et négatif.
En fait d'esthétique, ce qui préoccupe avant
tout le jeune et ardent disciple de Royer-Collard, c'est de faire voir que l'école sensualiste
est incapable de rendre compte du sentiment
et de l'idée du beau. Le beau est-il une qualité
matérielle des corps, ou bien une forme de
l'agréable? ou bien encore peut-on le ramener
à l'utile? Non, le beau ne s'adresse point à

l'oreille ou aux yeux; non, il n'a point pour effet propre de caresser agréablement les sens ou de servir aux besoins matériels de l'homme. Il est invisible et idéal par essence. Les plaisirs qu'il nous donne sont purs et désintéressés. Il parle à nos intelligences et à nos âmes, il les élève au-dessus de la terre et les entretient des choses du ciel. Voilà les grandes vérités que M. Cousin s'était donné la mission de remettre en lumière; et il y déploya la plus rare puissance de dialectique et ce sentiment délicat et élevé du beau, digne d'un philosophe éminemment artiste formé à l'école de Platon. Aussi bien, n'est-il point à regretter que tant d'efforts et d'éloquence aient été dépensés à cette œuvre de réfutation et de critique, puisque nous voyons reparaître en 1861 ces mêmes théories sensualistes, vaincues en 1818, sans autre changement que quelques formules allemandes destinées à donner le change aux générations nouvelles en affublant les vieilles idées de Condillac de la livrée de Hegel. On se reprend à nous dire qu'il n'y a d'autre réalité que les faits

sensibles, que tout le reste, faits de conscience,
causes, substances, tout cela est chimérique. Il
reste, à la vérité, à rattacher les faits à quelque
principe, et cela ne laisse pas d'être difficile;
mais on a inventé, pour se tirer d'affaire, un
procédé auquel Condillac apparemment n'avait
pas songé. Ce procédé nouveau, c'est l'abstrac-
tion. Oh! la belle invention et la miraculeuse
machine! Vous avez devant vous des faits, des
faits contingents, limités, relatifs, accidentels,
rien de plus. Vous travaillez sur ces faits d'une
manière très-simple, en leur faisant subir une
suite d'éliminations. Savez-vous ce qui arrive?
Du contingent vous voyez sortir le nécessaire,
du relatif l'absolu, du fini l'infini. Prodigieuse
transformation! Hobbes s'était persuadé qu'on
pouvait rendre compte de la formation de l'idée
de l'infini par l'addition successive et illimitée
du fini. C'était l'enfance de l'art. Aujourd'hui
ce n'est plus par addition et accumulation que
le fini devient l'infini, c'est par soustraction,
ce qui est un résultat tout autrement admirable.
Pour moi, je n'y vois de comparable que l'art

de quelque magicien qui, ayant mis dans une
urne des morceaux de verre, après une série
d'extractions successives, finirait par en tirer du
diamant aux yeux du spectateur ébloui. Nos
sensualistes du premier empire n'étaient pas si
ingénieux ou si naïfs. Ils connaissaient l'ab-
straction et ne l'aimaient guère. Ils l'accusaient
de peupler l'esprit humain d'êtres de raison, de
vaines entités métaphysiques. Le bien absolu,
le beau absolu, l'idéal, l'infini, c'étaient, disaient-ils, des *abstractions réalisées*, et sous ce
nom détesté, l'âme, l'esprit et Dieu même
étaient renvoyés au pays des fantômes. C'était
brutal, mais c'était net. Aujourd'hui nous
n'avons plus le courage de nos opinions : nous
sommes sensualistes et nous glorifions l'ab-
straction ; nous copions Garat et Tracy, et nous
voulons passer pour de profonds idéalistes hé-
géliens.

Je disais donc que M. Cousin était tout naturellement préoccupé, en 1818, d'achever l'œuvre
critique de Royer-Collard et de Maine de Biran.
Ayant établi qu'il y a une idée du beau indé-

pendante de nos sensations, il ne chercha pas
à définir cette idée. Qu'est-ce que le beau en
soi ? Il y a des beautés de toute sorte, une belle
fleur, une belle femme, une belle action, un
drame d'Eschyle, une statue de Phidias, une
symphonie d'Haydn. Pourquoi toutes ces beautés
si diverses, beautés de la nature et beautés de
l'art, beautés physiques et beautés morales,
sont-elles appelées du même nom et empreintes
du même caractère ? En d'autres termes, qu'est-
ce qui fait que les belles choses sont belles ?
quelle est l'essence de la beauté ? Voilà une
question qui, en 1818, ne réclamait pas impé-
rieusement une solution. M. Cousin était trop
bon platonicien et trop grand esprit pour ne pas
voir le problème. Il le posa, en discuta rapide-
ment les solutions les plus célèbres et passa
outre, faisant ici comme Platon lui-même, qui
dans le *premier Hippias*, après avoir supérieu-
rement expliqué tout ce que le beau n'est pas,
nous laisse provisoirement ignorer ce qu'il est.

Il y avait dans l'auditoire de M. Cousin un
jeune homme que le souffle de l'esprit nouveau

avait touché. C'était une nature recueillie ;
intérieure, un méditatif. Ni la controverse philosophique, ni l'érudition ne l'attiraient. Que
Condillac se fût trompé sur l'origine des idées,
peu lui importait, et il se souciait médiocre-
ment de savoir ce que Platon et Aristote, Descartes et Leibnitz avaient pensé sur l'essence
des choses; mais soulever un peu, si peu que
ce fût, le voile qui nous dérobe les vérités premières, voilà ce qui tentait fortement son intelligence, et il se plongeait avec ardeur dans
l'analyse intérieure, non pour y trouver un
nouveau système, pour fonder une école, pour
entendre autour de lui des disciples enthou-
siastes, des adversaires acharnés et tout ce grand
bruit qu'on appelle la gloire, mais plutôt pour
jouir au dedans de lui de la vérité entrevue,
pour goûter le bonheur de voir clair en ses pensées, surtout pour donner quelque soulagement
à son âme profondément troublée du problème
de la destinée humaine. Telles étaient les dis-
positions secrètes de cet étudiant de Sorbonne
au visage mélancolique et doux, récemment

arrivé des montagnes du Jura à l'École normale
et qui devait rendre illustre le nom de Jouffroy.
A l'intelligence et à l'âme d'un penseur il unis-
sait l'imagination d'un poëte, et il ne connaissait pas, après les labeurs et les joies austères
de la réflexion philosophique, de délassements
plus doux que la contemplation de la nature et
les délicieuses émotions de l'art. Encore à l'âge
d'écolier, il écrivait pour son examen de docteur une thèse *sur le sentiment du beau*. Les
idées qui germaient en lui dès cette époque
(1816), développées par la parole fécondante de
M. Cousin, ne tardèrent pas à s'épanouir.
C'était en 1822. L'École normale venait d'être
supprimée. M. Jouffroy, chassé de sa chaire, eut
l'idée de s'en faire une autre, moins exposée
aux coups d'un gouvernement ombrageux et
violent, en réunissant autour de lui, dans une
modeste chambre d'étudiant, une vingtaine de
jeunes gens, ses contemporains et ses cama-
rades. Ce petit cénacle de la rue du Four a pris
place dans l'histoire. Ces jeunes gens inconnus
s'appelaient Duchâtel, Vitet, Damiron, Dubois,

Sainte-Beuve. C'était *le Globe* au berceau, grandissant dans l'ombre et se préparant par la méditation abstraite aux grandes luttes de la vie publique. De quoi parlait Jouffroy à ces publicistes, à ces économistes, à ces lettrés, à ces futurs conseillers d'État, députés et ministres? Il leur parlait de l'âme immortelle et de l'essence du bien. C'est de là qu'est sorti un livre malheureusement inachevé, le *Cours d'Esthétique*, publié après la mort prématurée de Jouffroy par les soins pieux de son meilleur ami.

Je n'ai point à exposer ce livre, mais j'en voudrais indiquer les aperçus les plus originaux. On pense bien que Jouffroy, le philosophe du sens intime, l'apôtre des méthodes écossaises, n'était pas homme à commencer la science du beau, autrement que par les faits psychologiques et à chercher ce qu'est le beau en soi, avant d'avoir recueilli les impressions qu'il produit sur notre âme. L'analyse de ces impressions variées, analyse pénétrante, délicate, obstinée, sincère et sans esprit de système, est une des

6.

parties les plus remarquables du livre de Jouffroy.

Il décrit avec un sentiment exquis et profond
ce caractère, propre aux émotions du beau, de
ne répondre à aucun besoin déterminé de notre
condition terrestre. En ce sens, le beau est
essentiellement inutile, et son inutilité même
fait son charme singulier, sa noblesse et sa
dignité. Par suite, le beau ne peut être possédé,
et là est peut-être l'explication de ces dégoûts,
de ces ennuis, de cette incurable mélancolie
qu'on observe chez certaines natures d'élite trop
éprises de la beauté et qui en poursuivent le
culte avec une ferveur exclusive. Qu'est-ce donc
que cette beauté mystérieuse qui nous attire et
nous désespère, se dérobant à nous quand nous
croyons la saisir, et nous laissant charmés et
éblouis, mais jamais satisfaits? Jouffroy cherche
quelque lumière sur cette énigme dans l'analyse des phénomènes de la sympathie, mine
abondante et inépuisable d'où Adam Smith
avait déjà tiré tant de trésors. Il fait voir que
tout bel objet excite en nous un mouvement

sympathique. Dans les êtres même les plus éloignés de nous, dans l'arbre qui déploie ses rameaux, jusque dans le ruisseau qui murmure et dans la brise qui frémit, nous sentons ou nous rêvons une âme sœur de la nôtre, nous assistons au drame intérieur de la vie universelle. Partout nous sentons la lutte sourde de l'esprit caché qui cherche à se dérober aux étreintes de la matière. C'est cette lutte qui nous agrée, qui nous charme, qui nous inspire une curiosité sympathique et désintéressée, et qui dans ses alternatives d'énergie et d'affaissement, d'effort suprême, de victoire aisée ou d'éclatant triomphe, produit en nos âmes l'impression du beau et du laid, celle du gracieux, du joli, du sublime.

Ces vues d'une psychologie profonde conduisirent Jouffroy à sa théorie métaphysique du beau. Suivant lui, le beau, c'est la vie, la force en action, la force et la vie se développant d'un mouvement facile, puissant, harmonieux. Une forme matérielle, si régulière, si parfaite qu'elle puisse être d'ailleurs, du moment qu'elle n'ex-

prime pas la vie, est pour nous sans intérêt et
sans beauté. Partout, au contraire, où apparaît
la vie, il y a une beauté en germe. Et comme
dans la nature tout est vivant, comme la force
et la vie sont le fond même des choses et la
mesure de l'existence, il s'ensuit que nul être
de la nature n'est dépourvu de quelque beauté.
Mais pour que cette beauté apparaisse aux regards de l'homme, il faut que la vie éclate au
grand jour, il faut qu'elle s'épanouisse, non
plus faible, avare, languissante, opprimée, à
demi vaincue par les obstacles du dehors, mais
ample, mais pure, mais aisée, mais puissante.
L'aisance dans le mouvement de la vie, c'est
l'élégance et la grâce ; la puissance, l'harmonie et la grandeur, constituent proprement la
beauté. Le sublime vient d'une autre source et
ne se confond pas avec le beau. Il résulte, non
du développement harmonieux de la vie, mais
d'un effort violent, d'un déchirement et d'une
lutte dont les proportions gigantesques nous
saisissent, nous surpassent et nous écrasent. De
là le sentiment de mélancolie et de terreur reli-

gieuse qui accompagne le sentiment du sublime, tandis que la grâce et la beauté donnent
à l'âme une impression de joie, de calme et de
sérénité. Une prairie émaillée de fleurs est
belle ; les vastes solitudes du désert sont su-
blimes. Les sombres forêts, le bruit de la fou-
dre, la voix des orages, le sifflement des vents,
l'aspect d'un stérile rocher ou d'un affreux pré-
cipice, voilà le sublime ; des lits de gazon, des
fleurs, d'humbles buissons, le chant des oi-
seaux, l'haleine des zéphyrs, voilà le beau. Mais
il faut ici laisser de côté une foule d'applications
originales, de traits d'observation, d'aperçus
ingénieux. Qu'il nous suffise d'avoir mis en
lumière l'idée maîtresse de Jouffroy, cette
grande et féconde idée de la vie qui rattache
son esthétique au dynamisme de Leibnitz,
repris et rajeuni par le spiritualisme de nos
jours.

Depuis les travaux de Jouffroy jusqu'à ces
derniers temps, la France n'a rien produit, en
fait d'esthétique, de vraiment considérable. Je
parle ici de la métaphysique du beau, car autre-

ment, si je songeais à la critique des beaux-arts
dans ses applications innombrables, je ne pourrais passer sous silence, ni les travaux de M. Vitet, l'historien d'Eustache Lesueur et d'Hem-
ling, ni les vigoureuses et magistrales études
de Gustave Planche, ni les analyses délicates de
M. Scudo, ni les causeries pleines d'*humour*
de Topffer, l'aimable et spirituel Genevois. Le
dernier venu de ces amans de la beauté,
M. Charles Lévêque, a profité des travaux de
ses devanciers et leurs a rendu un juste hommage ; mais ce qui lui appartient en propre,
c'est d'avoir résolument essayé de reprendre et
de perfectionner la théorie du beau : c'est aussi
d'avoir voulu donner à la littérature française
un livre qui n'existait pas encore, un livre qui
embrassât l'esthétique dans toute l'étendue de
son domaine. Au surplus, nul n'était mieux
préparé que M. Charles Lévêque à réussir dans
cette entreprise. Voici quelque vingt ans qu'il
entrait à l'École normale, et y déployait, en
même temps qu'une vocation philosophique
des plus marquées, toute sorte d'aptitudes heu-

reuses. C'est un enfant de Bordeaux, une de
ces organisations souples et fines comme en
produit le Midi, singulièrement propres à res-
sentir et à décrire les plaisirs du beau. Il avait
le goût le plus vif pour la musique, et, comme
tous les arts sont frères, son culte pour Mozart
faisait de lui d'avance un adorateur naturel de
Phidias et de Raphaël. Aussi saisit-il avec em-
pressement l'occasion qui lui était offerte de
visiter Rome et l'Orient, M. de Salvandy venait
de fonder l'école d'Athènes, cette sœur cadette
de l'École normale, mère féconde d'archéolo-
gues, d'historiens et de critiques. M. Lévêque
partit joyeux pour l'Orient, vit en passant Flo-
rence et Rome, et trouva l'école d'Athènes
pleine de jeunesse et d'ardeur, sous la protec-
tion libérale du ministre de France, M. Pisca-
tory d'abord, puis M. Thouvenel; mais ce qui
valait mieux que toutes les protections, c'était
l'impression des lieux. Comme le dit si bien
M. Charles Lévêque, « au pied du Pentélique
et de l'Hymète, en face d'Égine et des Cyclades,
sur les rives, quoique desséchées, du Céphyse

et de l'Ilyssus, sur le rocher de l'Acropole encore couronné de ruines magnifiques, à l'ombre du Parthénon ou des restes charmants du temple de Minerve-Pandrose, sur les eaux qui baignent Salamine et dans la plaine de Marathon, où l'on croit fouler les ossements des Perses vaincus, dans les gorges étroites du Taygète et parmi les lauriers-roses que nourrit l'Eurotas, il eût été difficile de ne pas éprouver des impressions aussi profondes qu'ineffaçables. »

M. Charles Lévêque en fut remué jusqu'au fond de l'âme, et dès lors Platon et Phidias, l'amour du vrai et le culte du beau, s'associèrent en son cœur pour ne jamais se désunir. Il faut l'entendre décrivant l'impression de la beauté avec la pénétration d'un psychologue et l'enthousiasme d'un poète : «... L'atteinte que l'âme reçoit du beau est puissante et profonde. Par ce coup, elle se sent vaincue, mais vaincue comme elle aime à l'être et comme elle ne rougit point de l'être. Ce n'est pas une défaite, à vrai dire, c'est un envahissement délicieux, une étreinte ravissante dont elle ne cherche ni

à se défendre ni à se dégager. Rien dans les
voluptés sensuelles les plus permises et les plus
modérées, rien ne se rencontre d'analogue à
cette volupté. Ce n'est pas non plus une extase,
car l'âme n'y perd point la nette conscience
d'elle-même. C'est une palpitation intime et
suave, où, sous le rayon de l'objet admiré,
toutes les forces de notre vie spirituelle se di-
latent et se montent à leur ton le plus haut.
Ces moments où le beau déploie sur l'âme son
influence souveraine sont de ceux dont rien
jamais n'efface le souvenir. Pourtant, entre
cette émotion intense et un trouble ou une
secousse violente et un bouleversement de
nous-mêmes, il n'y a rien de commun. C'est
que la beauté, qui est puissance, est ordre en
même temps, et que, de ce même regard dont
elle a échauffé notre cœur, elle avait d'abord
éclairé et elle éclaire encore notre raison.
Éveillée et illuminée, la raison reste de moitié
dans tout le phénomène. Pendant que l'âme
s'abandonne à la joie dont l'emplit la puissance,
la raison contemple l'unité, la variété, l'har-

monie, la proportion, l'ordre en un mot, qui
circonscrivent cette puissance et l'empêchent
de déborder. Comment donc l'âme serait-elle
troublée? comment bouleversée? N'est-elle pas
en société étroite et exclusive avec l'ordre, avec
l'harmonie, avec la mesure? Tout en elle se
coordonne et s'équilibre. Aussi, dans sa jouis-
sance du beau, nulle inquiétude, nulle crainte,
surtout nul remords, nulle honte. Cette émotion
céleste, l'admiration, n'est pas la passion ardente et déchaînée, ce n'est pas le désir irrité
et violent, ce n'est pas le délire de la possession
éperdue; c'est cependant une sorte de passion,
mais noble, mais pure, mais puissante, et qui,
loin de dévaster l'âme qu'elle échauffe, la féconde comme féconde la terre le feu du soleil
au printemps. L'admiration est le soleil de
l'âme; elle en développe les germes les plus
riches et les plus cachés. Par cette grande et
bienfaisante passion, l'activité est échauffée à
son tour; à son tour, elle fleurit et fructifie...»
Quand on sent si fortement le beau, quand on
sait trouver, pour en peindre les effets, un

coloris si vif, un dessin si net et si pur, on est
prédestiné à l'esthétique. Aussi M. Lévêque
n'essaya-t-il pas de résister à son inclination,
et son livre d'aujourd'hui est le fruit de vingt
ans d'études poursuivies avec amour dans la
retraite, la vie modeste, le silence et la paix.

Disons d'abord que le cadre que s'est tracé
notre esthéticien philosophe est aussi vaste,
aussi complet, aussi régulier qu'on puisse le
désirer. Partisan déclaré de la méthode d'observation, il commence par analyser les effets
du beau sur l'âme humaine, non-seulement sur
notre intelligence et notre sensibilité, mais sur
nos facultés actives ; c'est là ce qu'on peut appeler la psychologie du beau. Le rôle de l'observation et de l'analyse épuisé, la spéculation
métaphysique remplit le sien : elle aspire à
saisir la nature du beau considéré en lui-même
et à mettre à nu ses éléments essentiels ; mais
une formule générale n'est rien, tant qu'elle n'est
pas éclaircie, contrôlée, vivifiée par les applications. Il faut poursuivre le beau à tous ses
degrés, sous toutes ses formes, dans la nature

inorganique, dans la nature vivante, dans
l'homme, enfin dans la Divinité elle-même,
origine première et dernier terme de toute
beauté. Voilà le cercle du beau qui se referme.
Cependant à côté du beau naturel que l'homme
contemple, sans y mettre du sien, l'art crée
tout un monde, aussi varié, aussi splendide
que le monde réel. Il faut que l'esthétique entre
dans cette nouvelle carrière et soumette à l'examen ces formes originales que donne à la beauté
le génie de l'homme, depuis l'architecture, berceau des beaux-arts, jusqu'à la poésie, le plus
épuré, le plus libre, le plus expressif de tous.
La science alors est terminée, et il ne lui reste
plus qu'à tracer elle-même sa propre histoire
et à dire comment elle est parvenue, depuis
Platon jusqu'à Hegel, à travers mille tâtonnements et mille théories, à se rendre maîtresse
de ses méthodes et de ses principes fondamen-
taux. Tel est l'immense cadre du livre de
M. Charles Lévêque. C'est un service considérable de l'avoir tracé, surtout de l'avoir rempli,
et voilà un titre d'honneur qui ne sera pas

contesté à l'auteur, même par ceux qui seraient
tentés sur beaucoup de points de le contredire ;
car il faut en venir enfin à se demander ce qu'il
y a de neuf et de durable dans ses recherches,
soit sur la partie psychologique de la science,
soit sur la métaphysique du beau, soit sur la
théorie des beaux-arts.

II

Je distinguerais volontiers dans le livre de
M. Lévêque ce qui est d'observation et ce qui
est de système, d'une part la psychologie naturelle et sincère, de l'autre la psychologie systématique et artificielle. Tout ce qui est d'analyse
prise sur le vif, on ne peut assez le louer. Pour
le reste, c'est une autre affaire, et plus d'un
doute se présente à l'esprit. Je ne crois pas
que personne ait jamais aussi bien décrit que
M. Lévêque les effets du beau sur la sensibilité,
ni mieux distingué dans cette impression multiple l'émotion délicieuse et passive du mouvement actif et affectueux. Le chapitre où sont

analysés les effets du beau sur nos facultés
actives est encore plus original. C'est ici un
ordre de recherches tout à fait neuf, que l'auteur
a eu le mérite d'inaugurer, où il me semble
même qu'il aurait pu aller plus loin. Il montre
du moins de la manière la plus intéressante que
dans tout homme, même le moins cultivé, sous
la rudesse et la grossièreté de l'écorce, il y a un
artiste caché. Tout homme en effet est capable
à quelque degré de sentir le beau, et dès que
ce sentiment entre dans l'âme, il l'anime,
l'échauffe, la transforme. Touchée du rayon
divin, elle tend à manifester son émotion au
dehors, à la répandre, à la faire partager. Le
regard s'éclaire, le geste s'anime, la langue se
délie. Le plus timide devient éloquent. Il y a
déjà là un commencement d'inspiration et de
création esthétique. Joignez-y le don supérieur
de fixer l'émotion fugitive sous une forme précise et durable, et vous avez un de ces génies
souverains, Shakspeare ou Michel-Ange, natures d'élite sans doute, mais qui ne sont pas
pétris d'un autre limon que le reste des

hommes, et ne diffèrent que par le degré de puissance créatrice des natures moins heureuses qui ne peuvent que les admirer. Tout cela est d'une analyse aussi vraie qu'ingénieuse, et tout cela est décrit dans un langage qui, par la souplesse, l'élégance, les nuances délicates, les touches légères et bien ménagées, s'égale à toutes les richesses du sujet.

Je signalerai du même coup à l'attention des connaisseurs une suite de chapitres pleins d'observation et d'agrément où l'auteur compare le beau avec le charmant ou le joli, puis avec le sublime, ce qui l'amène, par un contraste heureux et piquant, à traiter du laid et du ridicule. Ce sont là peut-être les portions les plus accomplies du livre de M. Lévêque, celles du moins qui seront goûtées sans réserve par les lecteurs les plus difficiles, parce que, ne tenant pas trop aux théories particulières de l'auteur, elles peuvent être aisément détachées. J'avoue maintenant que quand l'auteur quitte ces questions psychologiques où son rare talent d'observation se déploie, quand il spécule sur l'essence du beau et devient systématique, je commence, non sans regret, à me défier un peu de lui.

Pour aller au fait, je ne puis souscrire à sa théorie des huit caractères essentiels de la beauté. Aristote en avait signalé deux : l'ordre et la grandeur. Dans ces derniers temps, Jouffroy y ajoutait en première ligne la force ou la vie. Ces trois caractères ne suffisent pas à notre subtil et ingénieux auteur. Il lui en faut huit, pas un de moins. Ceci, dit-il fort bien, est une question qui ne peut se trancher que par l'observation. Soit ; suivons M. Lévêque, grand amateur de fleurs, qui nous invite à descendre dans son jardin, et à analyser avec lui un beau lis. Que de choses dans un lis ! L'auteur nous y montre d'abord ce qu'il appelle la *pleine grandeur des formes*, puis l'*unité,* puis la *variété*, l'*harmonie*, la *proportion*. Est-ce tout ? Non, il y a encore, je me sers des formules de l'auteur, la *vivacité normale de la couleur*, la *grâce* et la *convenance*.

Avec un peu de bonne volonté, on pourrait accorder à l'auteur que tout cela est dans un

7.

beau lis, comme aussi dans une belle rose ou
dans un beau peuplier; mais à peine l'auteur
a-t-il saisi ces huit caractères qu'il se hâte de
les généraliser, et de soutenir que ce sont là
les éléments intégrants et nécessaires de toute
beauté. Plein d'une confiance intrépide dans
sa théorie, il se porte à lui-même le défi de
retrouver les huit traits de beauté de son lis
dans quelque bel objet de la nature ou de l'art
qu'on veuille lui assigner. Quand on fait de ces
gageures avec soi-même, il est entendu qu'on
les gagne toujours. L'auteur choisit, comme au
hasard, trois objets d'une beauté différente, un
bel enfant qui joue avec sa mère, tel que le
bambino santo de *la Belle Jardinière* de Raphaël, puis une belle vie de philosophe, comme
la vie de Socrate, enfin un beau morceau de
musique, la symphonie en *la majeur* de Beetho-
ven. Dans tous ces beaux objets, M. Lévêque
retrouve un par un ses huit traits élémentaires.

Avant de lui faire des querelles plus sé-
rieuses, je le prierai en grâce de rayer de sa
liste le caractère numéro 6, qu'il appelle *la*

vivacité normale de la couleur. En admettant
qu'il y ait sous cette formule une idée claire et
précise, comment comprendre que ce trait de
beauté se rencontre ailleurs que dans un objet
matériel et visible? Déjà il est assez difficile de
se figurer ce que peut être la couleur dans un
objet qui ne s'adresse pas à la vue, mais à
l'ouïe, comme un beau concert. L'auteur se
tire de ce premier mauvais pas à l'aide d'une
métaphore. Il vante le coloris musical de Bee-
thoven, le charme et le velouté de ses demi-
teintes. Passons-lui cela. Mais comment trouve-
ra-t-il de la couleur dans la tendresse naissante
d'une belle âme d'enfant? Dans le corps charmant de l'enfant divin, j'y consens, mais dans
le mouvement de tendresse naïve qui le fait
presser les genoux de sa mère, où est la couleur, je vous prie? M. Lévêque appelle une
seconde fois la métaphore à son secours. « La
puissance d'aimer, dit-il, est dans Jésus ardente
et vive; elle éclate comme un chaud rayon du
soleil. » On sourit de cette échappatoire; mais
que dire quand l'auteur prétend trouver de la

couleur dans le dévouement de Socrate? « L'ardeur que met Socrate, dit-il, à accomplir son
devoir fait briller son amitié pour Alcibiade de
l'éclat le plus vif. » Que peut-on répondre à cela?
Le mot de Paul-Louis Courier : « Grand Dieu !
préservez-nous de la métaphore ! »

Passons à un débat plus sérieux. Je demande
ce que c'est, dans un lis ou ailleurs, que *la
pleine grandeur de l'espèce?* Suivant l'auteur,
il suffit d'avoir vu une demi-douzaine de lis
pour savoir une fois pour toutes quelle est cette
pleine grandeur. Je ne suis indifférent ni pour
le lis, ni pour toute autre belle fleur; mais je
déclare, la main sur la conscience, que j'ignore
absolument quelle taille doit avoir un lis pour
être beau. J'avoue même que l'idée ne me
serait pas venue, en présence d'une jolie fleur,
d'en évaluer la beauté en centimètres. L'auteur
m'assure que les lis qu'on voit dans un jardin
suscitent dans l'esprit l'idée d'un lis invisible
qui est le type de l'espèce. Encore ici j'affirme
que j'ai beau chercher dans mon esprit le type
idéal du lis; je ne l'y trouve point, pas plus

que le type idéal de la tulipe ou du jasmin. De quelle couleur est le lis idéal? Éclatant de blancheur, dira M. Lévêque. Il y a pourtant des lis jaunes et qui ne sont pas à dédaigner. Je serais curieux de savoir la couleur de la tulipe idéale. Qui ne sait combien elle offre de mélanges et de variétés? Faudra-t-il croire que chaque variété de la tulipe et de la rose a son type idéal? Que de types idéaux! Et tous ces types devront avoir une dimension précise, ni trop grands, ni trop petits. Le type du lis aura tant de pouces de hauteur; bien plus, les feuilles, les pétales, les étamines, le pistil, auront aussi leur grandeur exacte et leur contour parfaitement déterminé. Qui ne sent que tout cela est d'imagination et de fantaisie?

La question pourtant est plus élevée et plus grave qu'elle n'en a l'air. A propos d'un beau lis, l'auteur veut nous engager avec lui dans une théorie qui ne va pas à moins qu'à ressusciter l'antique système des idées de Platon. Et il trouve ici un auxiliaire assez inattendu dans Lamennais, qui, après s'être éman-

cipé de la théologie catholique, en avait retenu
la tradition augustinienne, ce qui le conduisit,
sur la fin de sa vie, à amalgamer d'une manière fort bizarre, dans l'*Esquisse d'une Philosophie*, l'idéalisme du *Timée* et des *Confes-
sions* avec un rationalisme antichrétien. Il faut
voir avec quelle satisfaction tranquille et quelle
assurance tranchante Lamennais nous parle de
types *à priori*, de modèles idéaux, d'exemplaires
divins. On dirait un élève de Platon sortant
d'un entretien avec le maître, en compagnie de
Speusippe et de Xénocrate, et sans avoir rencontré Aristote dans le jardin de l'Académie.
Les mille objections sous lesquelles le redoutable
disciple accablait l'idéalisme du chef de l'école,
Lamennais les ignore ; il ne paraît pas se douter
non plus des conséquences où l'idéalisme platonicien, repris avec ferveur par Plotin et Por-
phyre, conduisit l'illustre et chimérique école
d'Alexandrie.

M. Charles Lévêque n'a pas cette naïveté.
Ses nombreux auditeurs du Collége de France
savent que personne ne possède et n'expose

mieux que lui l'histoire de la philosophie. Comment donc a-t-il pu se flatter d'échapper aux difficultés inextricables dont l'idéalisme platonicien est hérissé? Je ne veux point soulever ici les objections métaphysiques; je me borne à celles qui naissent de l'analyse de la beauté. Vous me dites qu'il y a pour tout être, pour l'homme par exemple, un type idéal de beauté absolue; mais l'homme n'est pas un être simple, il est mâle et femelle. Voilà deux types idéaux pour le moins. De plus, l'homme varie d'âge en âge : il est tour à tour un enfant, un adolescent, un homme mûr, un vieillard. Faudra-t-il pour chaque âge de la vie un type idéal? Ce n'est pas tout; la beauté a mille aspects divers : il y a la beauté qui vient de la force et celle qui vient de la faiblesse et de la grâce. La grâce elle-même et la force ont leurs nuances. La beauté d'une fille des champs n'est pas la beauté d'une reine ; la tête d'un grand et beau poète comme Dante ou Goethe n'est pas celle d'un don Juan. Voilà donc le type idéal de la beauté humaine qui se divise et se mul-

tiplie à l'infini. Direz-vous que le bel homme
idéal réunit et réconcilie toutes les beautés de
la forme humaine : la grâce de l'adolescence, la
force de la maturité et la majesté de la vieil-
lesse? Vous tombez dans un amalgame de
beautés discordantes qui risque fort d'aboutir à
la laideur. On ne peut pas être à la fois Anti-
noüs et Jupiter Olympien. Si vous êtes belle
comme Vénus, vous ne l'êtes pas comme Mi-
nerve, et il va sans dire que l'Hercule Farnèse
a d'autres attraits que la Vénus de Milo.

Il n'y a pas de milieu pourtant : ou bien
votre idéal de l'homme est une contradiction et
un monstre par le mélange de perfections in-
compatibles, ou il faut le réduire à des traits
généraux et indéterminés, et alors voici de
nouvelles difficultés qui se présentent. Pour
rester dans le général, vous allez droit au
convenu et au commun. Winckelmann, un
autre platonicien, et après lui Quatremère de
Quincy (1) ont soutenu que l'objet du peintre
et du statuaire n'est pas de faire un homme en

(1) *Essai sur l'imitation dans les Beaux-Arts*, 1823, in-8.

particulier, mais de faire *l'homme*. C'est confondre le domaine de la métaphysique et celui de l'art. La métaphysique s'élève du particulier au général. Elle dépouille les individus de leurs caractères propres, de ce qui les
fait tels ou tels, pour ne considérer que leurs
propriétés communes et les conditions univer-
selles de leur existence. L'art procède tout
autrement. Il vise non pas à la généralité abstraite, mais à la perfection déterminée. Si le
peintre, sous prétexte de noblesse, écarte de
ses figures toute espèce de particularité, à quoi
arrive-t-il? Au genre académique, à cette manière froide, monotone, presque mécanique,
mortelle à l'inspiration, repoussée des vrais
artistes, et qu'on appelle en termes d'atelier le
ponsif. Consultez les grands maîtres : ils vous
diront qu'il faut avant tout que la figure
humaine vive, et pour qu'elle vive, il faut
qu'elle soit individuelle et par conséquent déterminée. Léonard de Vinci, Michel-Ange et
Poussin, qui certes n'étaient pas des réalistes,
ne l'entendaient pas autrement. L'œuvre d'art,

disaient-ils, doit être tellement vivante que
l'art n'y paraisse pas, et qu'elle semble un produit de la nature (1). *Soleva dire Michel
Agnolo Buonaroti, quelle sole figure esser
buone, delle quale era cavata la fatica, cioè
condotte con si grande arte, che elle parovano
cose naturali e non di artifizio* (2). Et Poussin
disait à son tour dans la langue de Raphaël :
*La struttura e composizione delle parti sia
non ricercata studiosamente, non faticosa ma
simiglianto al naturalo* (3).

M. Lévêque est trop initié à la critique et à
la pratique des beaux-arts pour ignorer ces
objections. Aussi a-t-il essayé de les résoudre
dans son chapitre sur la beauté du corps
humain. Par malheur, à mesure qu'il veut
appliquer sa théorie générale à un cas plus particulier, il rend les difficultés plus saillantes, et

---

(1) Leonardo da Vinci, *della Pittura*, p. 6, 7, 8, 14, etc.

(2) Gello, cité par Mariette dans ses *Observations sur Condivi*.

(3) Poussin. *Osservazioni*, p. 461. — J'emprunte cette
citation et les précédentes à un philosophe, juge éminent des
choses de l'art, M. Félix Ravaison. *Rapport au ministre sur
l'enseignement du Dessin.*

au lieu de les atténuer il les aggrave. Tantôt il
brave l'objection capitale et déclare en propres
termes que l'homme beau par excellence serait
celui qui aurait toutes les beautés de l'âme avec
le corps le plus propre à les exprimer (1). »
Tantôt il recule devant la difficulté et accorde
qu'il y a, suivant les différents âges de l'homme,
différents types de beauté (2). Sur quoi je lui
demande : Combien de types, s'il vous plaît?
et je le défie d'en dire le nombre. Il y a ici un
dilemme inévitable : si le type est unique, il
faut, pour n'être pas monstrueux, qu'il soit
indéterminé. Et s'il est multiple, s'il y a plusieurs types déterminés, il est impossible d'en
fixer la quantité. On se perd dans une multi-
plication d'êtres à l'infini.

L'auteur se récrie et déclare qu'il n'entend
pas réaliser des abstractions, comme ont fait
certains platoniciens à outrance. Pour lui, les
types idéaux n'ont pas d'existence réelle ; ce
sont simplement des concepts de la raison. C'est

(1) Tome I, p. 308.
(2) *Ibid* , p. 309-314.

très-bien ; mais je trouve, pour le dire en passant, que l'auteur abuse un peu de la raison
pure. C'est la raison pure qui conçoit *a priori*
le type idéal du lis ; c'est la raison pure qui
conçoit *a priori* la force vitale répandue dans
la tige et dans les feuilles de la fleur ; c'est la
raison pure qui conçoit, toujours *a priori*,
entre cette force invisible et le type idéal dont
elle subit la loi un rapport harmonieux. Je dis
qu'il y a là une grande prodigalité des trésors
de la raison pure ; je dis que vous donnez un
air mystérieux aux opérations les plus simples
de l'industrie, de l'imagination et de la mémoire, et que vous prêtez le flanc aux railleries
des sensualistes, qui nous accusent de tomber
dans le mysticisme et d'appeler à notre secours
la grande machine de la raison pure chaque
fois que nous sommes embarrassés pour expliquer un fait. Les notions *a priori* de M. Lévêque ne font d'ailleurs que reculer la difficulté,
car lorsqu'on lui demande l'origine de ces
innombrables concepts dont il enrichit et sur-
charge l'intelligence humaine, il les transporte,

à l'exemple du *Timée* de Platon, dans l'intelligence divine. Il dit avec saint Augustin, avec
Lamennais, que le Verbe est la source primitive des idées, que les idées subsistent en Dieu
de toute éternité, comme partie intégrante de
son essence, que le monde sensible n'est qu'une
copie des idées divines, que chaque individu
de la nature a son type idéal au sein du Verbe
créateur, et qu'enfin, selon qu'il se rapproche
de ce type ou qu'il s'en éloigne, il s'élève dans
l'échelle de la beauté ou s'enfonce dans les
abîmes du désordre et de la laideur.

Je demanderai à M. Lévêque s'il suffit qu'un
être soit conforme à l'idéal de son espèce pour
être beau. La théorie répond que cela suffit;
mais alors l'auteur se contredit quand il avoue
que certains animaux, tels que le pourceau,
l'âne, le crapaud, manquent de beauté, car
enfin il y a là, pour prendre les formules de
l'auteur, il y a une force qui se développe selon
l'ordre, selon le type divin. Et cependant le
plus magnifique pourceau est laid, toujours
laid, d'autant plus laid, si j'en juge par les pro-

duits de la dernère exposition d'animaux repro-
ducteurs, que l'art de l'éleveur le ramène plus
exactement à son idéal. Dans des espèces répu-
tées plus belles, combien d'individus insigni-
fiants ou disgracieux qui pourtant ont toutes
les qualités essentielles de l'espèce? Le type
nègre, par exemple, est-il beau? La Vénus
hottentote est-elle vraiment la déesse de la
beauté?

Si vous dites que les noirs sont laids, vous
supposez alors que le type divin de la beauté de
l'homme comprend, outre les qualités essentielles de l'espèce, telle couleur déterminée, et
même telle nuance dans la plus belle couleur.
Et comme vous tenez aussi pour laid quiconque
a les yeux obliques, ou le nez trop gros, ou le
menton trop saillant, il faudra dire aussi que le
type idéal de la beauté de l'homme enveloppe
distinctement et expressément telle forme du
nez, telle dimension de la bouche, telle confor-
mation des yeux.

Voyez alors que de conditions il faudra
remplir pour ne pas être laid, pour être

dans l'ordre ? « Une tête de moyenne grosseur, dit M. Lévêque, mais très-allongée et fuyante par le haut ou très-large, aplatie sur le front et à pommettes saillantes, des yeux tout à fait ronds ou longs, tirés et relevés à leur angle externe, comme ceux des Chinois, ou presque clos, comme l'étaient ceux de M. de Talleyrand, ou placés sur une ligne oblique, ou très-rapprochés de la racine du nez, ou louches ; un nez fort long ou fort large et épaté, des lèvres grosses et épaisses, ou minces et serrées jusqu'à disparaître quand elles sont fermées ; la mâchoire proéminente, ou par sa partie supérieure, ou par sa partie inférieure, ou par l'une et l'autre à la fois ; une lèvre fendue en bec-de-lièvre, une bouche démesurée ou très-petite, un menton saillant et recourbé comme celui de Polichinelle, un visage de femme couvert de barbe, tous ces caractères particuliers sont des traits de laideur, et tous sont des défauts d'unité, ou de proportion, ou de symétrie, ou de convenance, c'est-à-dire d'un seul mot, des infractions commises par la force vitale contre sa loi, contre l'ordre qui est le sien (1). »

J'en demande bien pardon à l'auteur, mais parler un tel langage, dire que tout trait de laideur est une infraction contre l'ordre, c'est faire le procès à la nature et à son auteur, c'est considérer le mouvement varié des générations animales comme une dérogation perpétuelle à l'ordre divin. Qu'est-ce donc pourtant que cet ordre dont vous parlez ? Serait-il dans l'ordre qu'il n'y eût point de nègres ? Serait-il dans l'ordre qu'il n'y eût ni pourceaux, ni araignées ? J'avais toujours cru que l'ordre de la nature, c'était l'existence et le maintien des genres et des espèces avec les attributs particuliers qui les caractérisent et qui se diversifient à l'infini dans les individus. Tel animal a les oreilles longues, il est dans l'ordre ; tel autre a un groin allongé, les yeux petits, les pattes courtes, il est dans l'ordre. Chaque bête a son langage : l'une brait, l'autre coasse, une autre glapit ;

(1) *La science du beau*, t. I, p. 289.

elles sont dans l'ordre ; cela ne fait pas, j'en tombe d'accord, que la voix du corbeau soit belle, ni le chant de la grenouille harmonieux. En résumé, je ne crois pas que M. Lévêque, en dépit de tout son art, parvienne à masquer le vice inhérent au système des idées. Si le type divin ne contient que les conditions générales de l'espèce, alors tous les individus sont beaux, excepté les monstres ; encore l'anatomie philo- sophique a-t-elle fait voir que les monstres eux- mêmes sont assujettis à des lois et tiennent par quelque racine à l'ordre universel. Si le type divin contient, outre les conditions générales de l'espèce, toutes les conditions particulières de la beauté, alors tous les individus sont laids, et la nature est une révolte perpétuelle contre l'idéal.

Ces objections suffiront pour montrer à M. Charles Lévêque que je ne rejette pas légèrement sa théorie des huit caractères élé- mentaires de la beauté. J'aurais pu le chicaner sur plusieurs de ces caractères, tels que l'*unité*, la *variété*, l'*harmonie*, la *convenance* ; j'aurais

pu lui dire que l'unité et la variété sont plutôt
des conditions générales de toute existence et
de toute vie que des traits particuliers de beauté,
que l'harmonie n'est rien de bien déterminé dans
sa doctrine, car tantôt il en fait un caractère élé-
mentaire du beau, et tantôt la réunion pure et
simple de l'unité et de la variété ; j'aurais pu
lui reprocher aussi que la convenance, telle
qu'il la définit assez arbitrairement, n'étant que
la position des belles choses dans le milieu le
plus favorable, est un caractère tout extérieur
et relatif du beau, et non un caractère interne
et vraiment absolu. Au lieu de m'arrêter à cette
polémique de détail, j'ai mieux aimé aller droit
à l'idéalisme, car c'est bien là le fond de sa
métaphysique. Il a beau dire que sa théorie des
huit caractères élémentaires n'est qu'un simple
prologue psychologique, la vérité est que ce
prologue est toute la pièce. Si l'on s'en rappor-
tait à l'ordre et au titre des chapitres, ce serait
la psychologie qui conduirait par degrés l'auteur à la métaphysique. Il n'y a là qu'un ar-
tifice d'exposition. Sous le spécieux prétexte que

le beau ne peut être senti qu'après avoir été
connu, l'auteur, au lieu de commencer par l'a-
nalyse sincère des diverses impressions que le
beau laisse dans nos âmes, n'a rien de plus
pressé que de nous dérouler toute sa théorie
métaphysique des caractères essentiels du beau.
De là deux grands défauts : d'abord l'analyse
manque de naturel et de sincérité; elle est
l'instrument trop visiblement docile de la théorie, et par suite quelque chose de prématuré,
de convenu, d'arbitraire, qui altère et corrompt
tout, même les parties de vraie et fine observation psychologique; puis, quand l'auteur en
vient à ce qu'il appelle proprement sa métaphysique, qu'arrive-t-il ? C'est qu'il n'a plus rien à
nous apprendre. Que le beau existe véritablement d'une existence objective et absolu, c'est
ce qui a été déjà vingt fois affirmé ou supposé.
Je sais que Kant a nié l'objectivité du beau et
que cette doctrine vient de reparaître dans des
écrits récents (1); mais l'auteur après avoir

(1) Notamment dans un livre remarquable de M. Chaignet,

soulevé cet énorme problème, ne le discute pas
à fond : il aurait mieux fait de le laisser dor-
mir. Il établit ensuite que le beau est quelque
chose d'essentiellement spirituel et invisible ;
mais cela est impliqué dans tout ce qui précède.
De là bien des redites, et au lieu de ce mouvement progressif qu'on aime dans tout livre bien
fait, un peu de langueur et de sécheresse ; une
erreur de méthode se trahit par un défaut d'art.
Je ne vois qu'un bon résultat obtenu par l'auteur, c'est d'avoir simplifié sa théorie et réduit
ses huit caractères élémentaires du beau à
trois : la puissance, la grandeur et l'ordre.
Écartez la théorie platonicienne des types
idéaux, et ce résultat, un peu vague, mais très-
solide, est justement celui où s'était arrêté
Jouffroy.

qui a obtenu une mention de l'Académie des sciences morales
et politiques, *Les principes de la science du beau*, 1 vol. in-8,
chez Durand. Voyez aussi un intéressant écrit de M. Courda-
vaux : *Du beau dans la nature et dans l'art*, 1 vol. in-8,
chez Didier.

III

Voilà notre rôle de contradicteur à peu près terminé, et nous n'avons plus qu'à signaler les vues les plus remarquables de l'auteur sur la théorie des beaux-arts. Il s'attache d'abord à déterminer le but de l'art en général, puis il traite successivement de chacun des beaux-arts, architecture et art des jardins, sculpture, peinture, musique et danse, poésie, éloquence.

On a singulièrement embrouillé de nos jours la question très-simple du véritable objet des beaux-arts. En vérité, il y a des malentendus étranges, et les formules qui sembleraient faites tout exprès pour dégager et fixer les idées ne

8.

servent souvent qu'à les obscurcir. Voyez ce
qui est arrivé à propos de la célèbre formule de
l'art pour l'art. C'est, je crois, le chef d'une
grande école de poésie réaliste qui le premier,
il y a trente ans, l'inscrivit sur son drapeau ;
mais sous prétexte de conquérir l'indépendance
de l'art, on inaugurait le règne du caprice, de la
fantaisie, le culte du laid, le mélange des genres, la confusion universelle. C'est pourtant un
principe très-vrai que celui de l'autonomie de
l'art, et la philosophie spiritualiste a eu cent
fois raison de le reprendre pour son propre
compte. Or, tandis qu'en France M. Cousin et
M. Jouffroy, et en Allemagne Goethe et Schelling,
proclament que l'art a sa fin en lui-même, qu'il
n'est le serviteur de personne, ni de la morale,
ni de la politique, ni même de la religion, qu'en
un mot il doit rester indépendant de toute au-
torité étrangère, voici Lamennais, un spiritualiste, qui déclare sans ménagement que la
*formule de l'art pour l'art est une absur-
dité* (1).

(1) *Esquisse d'une philosophie*, t. III, p. 154.

Il faut tâcher ici de s'entendre avant de s'injurier ; un peu d'analyse vaut mieux que tous les gros mots. Le principe de l'indépendance de l'art veut-il dire que les artistes peuvent prétendre à une liberté absolue, qu'ils doivent vivre entièrement détachés de tout autre culte que celui du beau, n'ayant ni patrie, ni religion, ni famille, et pouvant aller du droit de leur génie jusqu'à l'impiété, jusqu'à l'obscénité, jusqu'à l'immoralité la plus révoltante ? Je sais qu'on a poussé le principe jusque-là, et qu'il y a des esprits, pourtant très-délicats, qui admirent sans réserve Pétrone, l'Arétin et les curiosités du musée secret de Naples, prétendant que l'art purifie tout.

Au risque de passer pour un esprit faible et timoré, j'avoue que je repousse nettement cette théorie où je ne puis voir que l'exagération choquante d'un principe vrai. Je crois avec Platon qu'il y a entre le vrai, le bien et le beau des sympathies secrètes et profondes, et que c'est tourner le dos à la beauté que de la chercher dans le faux et dans le mal. On ne me

persuadera jamais que *la Pucelle* de Voltaire
et même que son *Candide* soient de beaux ouvrages : non que je conteste le prodigieux talent qui s'y déploie; mais je ne le reconnais
que pour en déplorer l'usage, et pour déclarer
que, loin de produire sur mon esprit cette impression pure et sereine qui est le signe carac-
téristique du beau, ces ouvrages me troublent,
me pèsent, me révoltent, et que je suis bien
près de dire avec un juge supérieur, fort sensible d'ailleurs aux grandes parties de Voltaire :
« L'auteur de *la Pucelle* et de *Candide* n'a pas
été heureux dans ces deux chefs-d'œuvre; le
premier est un crime contre la France, l'autre
en est un contre l'humanité. »

Il y a donc une limite imposée au principe
de l'indépendance de l'art; mais, cela convenu,
je dis que, si vous voulez asservir l'art à la
morale ou à la religion, vous le tuez. Au lieu
d'être une fin, il devient un moyen ; plus d'artistes, rien que d'habiles praticiens. Consultez
l'histoire des arts : c'est sans doute du sein de
la religion qu'est sorti l'art grec sous toutes ses

formes, poésie, architecture, peinture, statuaire ; mais à mesure qu'il a pris des forces,
il s'est émancipé et dégagé de la religion. Ho-
mère, Pindare, Eschyle recueillent la tradition
mythologique et s'en inspirent, mais avec quelle
liberté ! Même indépendance progressive dans
le mouvement de l'art moderne. Est-ce la foi
chrétienne toute seule qui a produit l'œuvre du
divin, mais très-peu croyant Pérugin? On me
citera Dante, Giotto, Angelico da Fiesole. Soit ;
une foi profonde inspire ces génies, mais elle
les guide sans les enchaîner. Et puis il faut
bien reconnaître qu'un Shakspeare et un lord
Byron, un Goethe, un Chateaubriand, n'ont
guère eu d'autre religion que celle de l'art. L'art
a donc sa fin originale, qui n'est ni celle de la
foi religieuse, ni aucune autre, et le seul maître
des grands artistes, c'est la nature. Encore se
gardent-ils de la copier ; ils l'interprètent libre-
ment.

Ces principes généraux semblent aujourd'hui
à l'abri de toute contradiction sérieuse. Pour les
porter au dernier degré de rigueur et de pré-

cision, M. Charles Lévêque a fait son profit des
recherches de Jouffroy. Considérant l'ensemble
de l'univers tel qu'il apparaît à notre esprit
dans la condition présente, Jouffroy remarque
que non-seulement l'homme, mais tout être,
quel qu'il soit, rencontre des obstacles au développement de sa destinée. L'obstacle, la limite,
telle est la loi générale des êtres ici-bas, par
suite la lutte, l'effort, le déchirement, la laideur,
la souffrance. Eh bien ! l'artiste conçoit un
monde où les limites qui entravent les êtres
reculent et s'effacent, où chacun développe en
toute liberté, en toute plénitude, l'harmonie de
ses facultés. Or, comme la beauté n'est au fond
que le déploiement puissant, harmonieux, aisé,
de la force et de la vie, tous les êtres dans un
tel monde sont beaux. L'objet propre de l'art,
c'est donc de peindre les êtres, non pas autres
qu'ils ne sont sans doute, mais moins encore
tels qu'ils sont : c'est de les peindre tels qu'ils
seraient, si les obstacles qui pèsent sur eux, si
la matière qui les enchaîne, si les limites qui les
embarrassent, venaient à disparaître. C'est en

atténuant ces obstacles, c'est en effaçant ces
limites, c'est en choisissant parmi les traits de
leur individualité ceux qui expriment le mieux
le but où ils aspirent et en négligeant les autres, c'est ainsi que l'art imite la nature et qu'il
la surpasse en exprimant mieux qu'elle ce
qu'elle veut dire à l'esprit.

Il faut convenir pourtant que cette théorie,
qui fait de l'expression la loi suprême des
beaux-arts et assigne à chacun d'eux un rang
plus ou moins élevé dans la hiérarchie selon
qu'il est plus ou moins expressif, n'est pas sans
rencontrer sur sa route plus d'une difficulté.
Ainsi les théoriciens du beau qui ont envisagé
l'architecture comme un art d'expression ont
éprouvé quelque embarras, quand on les a
priés de dire au juste ce que peut et ce que doit
exprimer une construction architecturale. Il
semble que dans un édifice tout doive être rapporté à sa fin, et qu'il ne soit pas question pour
l'artiste d'exprimer telle idée de son esprit ou
telle fantaisie de son imagination, mais de faire

que toutes les parties de son œuvre soient appro-
priées à un usage déterminé. Ainsi une église,
une synagogue, une mosquée, devront être cons-
truites depuis les fondements jusqu'au faîte de
manière à convenir aux cérémonies essentielles
du culte. Il faudra pareillement que l'architecte
chargé de construire un hôpital songe qu'il s'agit
avant tout d'y recueillir et d'y soigner des mala-
des, et si on lui demande une bourse, il ne fera
pas un temple grec. La perfection suprême d'une
œuvre architecturale, c'est donc la convenance,
qualité précise qui ne semble avoir rien à dé-
mêler avec l'expression toujours un peu vague
de je ne sais quel sentiment indéterminé. Les
théoriciens ont dû ici capituler quelque peu et
reconnaître que l'architecture est parmi les arts
d'expression le moins libre de tous, et que l'artiste y est enchaîné de toutes parts à des vues
d'appropriation et d'utilité qui lui sont imposées
du dehors. Et cependant ils ont maintenu, et avec
raison, que l'art des Ictinus et des Brunelleschi
ne saurait échapper à la loi générale des beaux-
arts, qui est non l'utilité, mais l'expression.

Qu'exprime donc l'architecture en dehors des fins particulières de chaque édifice? Les théoriciens répondent que l'architecture exprime les énergies de la nature inorganique, de même que les autres arts, tels que la sculpture, la peinture et la musique, expriment les énergies de la nature animée et vivante. Pour Lamennais, l'art dans l'ensemble de ses moyens expressifs est la reproduction de l'univers entier; c'est le *cosmos* refait et recréé par la main de l'homme. Et de même que la base première du *cosmos*, c'est la matière inorganique, masse immense, infinie, au sein de laquelle dorment toutes les énergies, tous les germes, dont le déploiement successif constituera le mouvement de l'univers, de même tous les arts sont renfermés en germe dans l'architecture. C'est de là qu'ils naissent, et c'est là qu'ils grandissent dans l'ombre, jusqu'au jour où ils se détachent du sein maternel pour vivre d'une vie propre et aspirer à un libre développement.

Ces vues sur l'origine des arts ont de la vérité et de la grandeur; il faut ajouter même

E. SAISSET. 9

qu'elles sont rendues avec une majesté et un
éclat de style qui rappellent le Lamennais des
meilleurs jours ; mais aujourd'hui que l'architecture est constituée comme un art jusqu'à un
certain point distinct, on a toujours le droit de
demander aux partisans de la théorie de l'expression quel est le mode particulier d'expression qui est le propre de l'architecture ; et quand
ils répondent avec Lamennais que l'architecte,
par l'assemblage des matériaux qui sont dans
ses mains, par le choix de ces soubassements et
de ses coupoles, de ses ogives et de ses pleins
cintres, de ses flèches et de ses colonnades, veut
représenter à sa façon ce qu'il y a dans les
masses inorganiques de puissant, de solide, de
gigantesque, d'élancé, de gracieux, il est clair
que cette réponse est vraie à quelques égards,
mais insuffisante. C'est ici que l'analyse pénétrante de M. Charles Lévêque vient au secours
de la théorie. Il montre avec beaucoup d'esprit
que tout édifice a un hôte, sacré ou profane,
homme ou dieu, et que la fin essentielle de cet
édifice considéré comme œuvre d'art, c'est

d'exprimer l'âme de son hôte. Tant que l'architecte ne songe qu'à la convenance, à l'utilité, à
l'usage, il n'est pas libre, mais esclave; il n'est
pas artiste, mais artisan. Il fait en grand ce
que fait en petit le plus humble maçon. Il n'est
artiste que lorsque, songeant qu'il construit
une demeure, il cherche à imprimer dans toute
l'économie de son œuvre et jusque dans ses
derniers détails le caractère de l'âme divine ou
humaine qui doit l'habiter. « Un beau temple,
dit l'auteur, nous apprend, sans inscriptions et
sans emblèmes, qu'il est la demeure d'un dieu;
un beau palais, qu'il est celle d'une âme puissante et royale; un beau château ou un bel
hôtel, qu'il est la résidence d'âmes fières de
leur race; une charmante et simple villa, qu'elle
est l'asile d'âmes heureuses dans leur médio-
crité; un théâtre, qu'il attend et recevra sur ses
gradins vastes et nombreux une multitude
d'âmes avides de spectacles. Un cloître nous
entretient d'âmes désenchantées, solitaires, re-
cueillies dans la prière et dans l'étude; un tom-
beau bas, étroit, sans ouverture, sans air, sans

lumière, proclame par son silence et son im-
mobilité que le corps est là, mais que l'âme est
partie. »

A l'architecture M. Lévêque rattache un art
plus modeste, mais qui peut avoir aussi sa
grandeur et son prix : l'art des jardins. S'éclai-
rant fort à propos des belles études de M. Vitet (1), l'auteur indique à merveille la proportion
délicate où doivent s'unir dans un beau jardin
l'architecture et la nature. Il y a trop d'architecture à Versailles et pas assez de nature ; de
là, au sein de la grandeur même, quelque chose
de roide, de guindé, de compassé. Au contraire,
dans le siècle suivant, au Raincy, à Ermenon-
ville, à Moulin-Joly, on abusa étrangement de
l'imitation de la nature, et il faut convenir que
le réaliste Kent, plantant des arbres morts dans
les jardins de Kensington par amour pour la
parfaite fidélité, était aussi loin de la vérité que
Lenôtre imposant aux arbres de Marly et du
Grand-Trianon les formes de la géométrie.

(1) *Études sur les beaux-arts*, t. I, p. 315.

C'est en Italie, c'est à la villa Pamfili, à la villa Serbelloni, à l'Isola-Bella, mieux encore à l'Isola-Madre, qu'il faut demander des modèles à peu près accomplis, où, au sein d'un paysage artificiel marié avec adresse au paysage environnant, se fondent et s'unissent la grâce de la nature et la grandeur de l'art.

Tout ce chapitre sur l'art des jardins est tracé du pinceau le plus délicat : on y sent un homme qui a observé la nature et qui l'aime ; mais c'est surtout quand M. Lévêque parle des fleurs qu'il est heureusement inspiré, et que son style se pare de toutes les grâces de ses modèles. Je pourrais citer de charmantes descriptions de la rose, du lis, du pavot ; j'aime mieux emprunter quelques traits à la peinture du dahlia, parce que j'y trouve une occasion de décrire à mon tour l'impression que me fait éprouver le talent du peintre. Ce talent est des plus rares. Son caractère distinctif est l'élégance, une élégance soutenue, aimable, souriante, un peu coquette, aimant les ornements, mais sachant les assortir avec un goût parfait. Sa phrase, quelquefois un

peu longue, déroule avec ampleur ses membres
habilement cadencés. On devine que l'auteur
est musicien. Il excelle à développer une idée
et à la ramener sans monotomie, comme un
motif bien-aimé, sous les formes les plus variées, avec une abondance inépuisable. En un
mot, l'art de l'auteur est un art consommé,
peut-être a-t-il trop d'art ; un peu moins d'effort, un peu plus de naturel, et la critique serait
désarmée. Ceci me ramène au dahlia. « Le
dahlia magnifique, dit l'auteur, serait peut-être
au pavot et aux autres fleurs un rival redoutable ; mais quoi ! il est d'une trop exacte géométrie, et sa toilette rigoureusement soignée
laisse à désirer un peu de négligence et quelque
abandon. » A mon tour, je dirais volontiers à
M. Lévêque qu'il manque peu de chose à son
style pour rivaliser avec les plus beaux styles par
la pureté, l'élégance et l'harmonie. Qu'y man-
que-t-il donc? Ce que l'auteur regrette dans le
dahlia.

Je laisse à de plus compétents le soin d'ap-
précier les chapitres qui suivent, sur la sculp-

ture, la peinture et la musique. J'oserai dire pourtant, après tout ce qui a été écrit sur la *Transfiguration* et sur le *Jugement dernier*, que les connaisseurs liront encore avec plaisir le jugement qu'en porte l'auteur.

On a élevé bien des objections contre le dernier grand tableau laissé par Raphaël. On l'a accusé de manquer d'unité, d'être la juxtaposition de deux scènes presque sans lien, celle du pied de la montagne, épisode d'un faible intérêt, où d'ailleurs l'imitation malheureuse des procédés violents de Michel-Ange se fait sentir, et puis la scène d'en haut, sur laquelle, dit-on, auraient dû se concentrer tout le talent du peintre et toute l'attention du spectateur. M. Lévêque défend Raphaël de la manière la plus spécieuse, et pour lui la *Transfiguration* reste le dernier mot de l'art de peindre. Nous n'avons nul droit de contredire ici l'auteur, et nous aimons en lui cette tendresse pour Raphaël, qui s'associe d'une façon si naturelle à sa prédilection de musicien pour Mozart. Comme le disait Alfred Tonnelé, ce pauvre enfant de génie à

qui la vie a tout à coup manqué, « si les lèvres
du jeune homme d'Urbin pouvaient s'ouvrir,
elles chanteraient les mélodies du jeune homme
de Salzbourg (1). » Nous aussi, nous admirons
autant que personne la *Madonna di San-Sisto*
et les cartons de Hampton-Court; mais ne
peut-on s'incliner devant Raphaël sans immoler
Michel-Ange à sa gloire? M. Lévêque est sévère pour Michel-Ange. Il élève contre le *Jugement dernier* une foule de critiques dont quelques-unes semblent excessives. Il va jusqu'à
accuser Michel-Ange de matérialisme. C'est lui
faire expier trop chèrement sa passion, peut-
être exagérée, pour l'anatomie. Je suis porté à
penser qu'ici l'auteur s'est mépris, et je crois
savoir pourquoi. M. Lévêque a beaucoup vécu
à Athènes. C'est là que le souffle divin de la
beauté l'a touché. Elle lui est apparue sous la

---

(1) Voyez les *Fragments sur l'art et la philosophie* d'Alfred
Tonnelé, récemment recueillis par les soins de sa famille,
avec une notice touchante d'un digne ami de Tonnelé,
M. Heinrich; chez Mame, 1 vol. in-8, Tours. Voyez aussi, sur
ces *Fragments*, la *Revue des deux mondes* du 1er octobre 1859.

forme grecque, et depuis, cette première empreinte n'a pu s'effacer. L'imagination toute pleine des sculptures de l'Acropole, l'auteur ne remarque pas assez que tous les arts ont subi, sous l'influence du christianisme, une transformation profonde. Ainsi que Hegel l'a admirablement établi (1), le caractère de l'art grec, c'est l'équilibre parfait de l'idée et de sa forme sensible, et de là cette pureté, cette sérénité, cette douceur, cette majesté tranquille, cette eurythmie, qui font le charme souverain d'un Phidias, d'un Sophocle, d'un Platon. Depuis le christianisme, l'équilibre s'est rompu; le sentiment de l'infini s'est emparé des âmes. L'idée s'agite, impatiente et esclave, sous une forme qui ne la manifeste qu'en la comprimant. Par suite, quelque chose de tourmenté, de violent, d'excessif, mais aussi un nouveau genre de pathétique inconnu à l'antiquité. M. Lévêque préfère, je crois, Saint-Pierre de Rome à la cathédrale de Cologne, et Saint-Pierre de Rome

___

(1) Voyez le *Cours d'esthétique* de Hegel, traduit et résumé par M. Bénard ; 5 vol. in-8, chez Ladrange.

lui-même, il le donnerait dix fois pour le Parthénon. Cela explique ses sévérités pour Michel-
Ange : je ne me permettrai pas de prendre un
tel homme pour client ; mais j'avoue que j'aime
à relire cette page d'un connaisseur habile qui,
dans ce recueil même, a dignement apprécié
l'auteur du *Penseroso* : « On s'est demandé
pourquoi Michel-Ange, connaissant l'art antique
comme il le connaissait, s'en est autant écarté...
Pour moi, je me demande comment il aurait
pu exprimer sa pensée, s'il s'était attaché à
suivre les traditions de l'art antique. Sa manière de représenter la forme humaine, si différente en effet de la conception grecque, ne
tenait pas seulement à la fougue de sa nature,
qui l'emportait à violenter les lignes rhythmées
et tranquilles de l'art consacré. Ghiberti et Do-
natello, malgré toute l'élégance et la finesse de
leur ciseau, ne s'en sont pas plus que lui rap-
prochés. Pour exprimer des pensées nouvelles,
il fallait une nouvelle langue. Michel-Ange met
dans ses figures autre chose que cette âme abstraite de l'antiquité, lueur vague qui, en illu-

minant doucement des corps parfaits, entraîne
l'esprit jusqu'au sentiment de la perfection
même. Une âme nouvelle, une âme moderne,
personnelle, passionnée, souffrante, agite ces
corps de marbre. Vivante, déchaînée, agis-
sante, altérée de l'infini, elle pense, elle jouit,
elle souffre, et, quoique captive dans d'étroites
limites, elle réussit à exprimer ses émotions et
ses sentiments (1). »

(1) M. Clément. Voyez la *Revue des deux mondes* du 1ᵉʳ juillet
1859.

IV

Embrassons maintenant dans son imposant
ensemble cette critique des beaux-arts. Je ne
voudrais pas renouveler mes querelles avec l'auteur ; mais il m'est impossible de ne pas remarquer que le mérite, d'ailleurs éminent, de ses
vues sur les arts du dessin, comme aussi sur
la poésie et sur l'éloquence, est complétement
indépendant des théories métaphysiques ex-
posées plus haut. J'avouerai même qu'en lisant
cette partie de l'ouvrage, et sous le charme des
analyses où excelle l'auteur, j'aimerais qu'il
oubliât un peu sa théorie et ne ramenât point,
après la description de chaque chef-d'œuvre,

ses formules favorites : puissance, grandeur, ordre. Ce qu'il trouve et ce qu'il admire dans les monuments les plus divers, dans le *Don Giovanni* de Mozart, dans le *Mose* de Michel-Ange, dans l'*Enfer* de Dante, dans la *Phèdre* de Racine et jusque dans les romances de Martini, c'est toujours la force ordonnée. Ce qui le rend sévère pour les peintures du Caravage, pour les statues de Pigalle et pour les romans de Diderot, c'est que la force ordonnée ne s'y trouve pas. Rien de plus simple assurément et même de plus vrai que cette formule ; mais quoi de plus vague et de plus arbitraire dans l'application ? La force ordonnée est ici ; la force ordonnée n'est pas là. Mon Dieu, je le veux bien, parce que l'auteur a tant de goût, de raison et d'adresse qu'il me persuade aisément ; mais ne serait-ce pas que lui-même, indépendamment de sa formule, a le don charmant et mystérieux de me faire sentir le *je ne sais quoi* qui est dans tout vrai chef-d'œuvre et qui se dérobe aux prises de la théorie ? Ceci m'amène à dire un mot, avant de finir, sur la portée des théories

en matière d'esthétique, c'est-à-dire sur la
valeur et les limites de cette science.

Je suis de ceux qui croient à l'esthétique,
comme je suis de ceux qui croient à la métaphysique, et par des raisons analogues, car
tout se tient. Il y a des esprits très-pénétrants,
qui comprennent et qui manient à merveille
telle ou telle forme de la critique, la critique
littéraire, la critique musicale ; mais pour eux
il n'y a rien au delà. Qu'il se rencontre d'autres
esprits qui, en face des belles choses, éprouvent
le besoin d'analyser à fond leurs impressions et
de comprendre pourquoi ces choses leur semblent belles, qui essayent d'embrasser dans leur
pensée les beautés de tous les arts, de les comparer avec les beautés de la nature, de chercher
quels sont les signes du beau et ses conditions
générales, qui même s'efforcent de s'élever jusqu'au premier principe de toute beauté, voilà
ce qui fait sourire ces délicats, et ils ne voient
dans de telles recherches qu'une variété de
cette maladie très-ancienne, très-connue, très-
redoutée, mais incurable, qu'on appelle l'amour

de la métaphysique. Nous dirons à notre tour
à cette classe de critiques qu'ils ont des analo-
gies secrètes avec cette famille de savants qui
comprennent fort bien qu'on cherche les lois
de la réfraction, ou les propriétés du chlore, ou
l'équation de telle courbe, mais qui ne veulent
rien savoir de plus, et qui regardent comme
une faiblesse chez Newton de s'être interrompu
plus d'une fois au milieu de son *Optique* pour
admirer les causes finales, et, ce qui est plus
fâcheux encore, d'avoir à la fin de ses *Principes*,
dans un scolie immortel, *montré la main qui
lança les planètes sur la tangente de leurs
orbites.* C'est là sans doute une infirmité qui
tenait aux superstitions du temps. Notre siècle
est en progrès : il n'a plus ni Descartes, ni
Leibnitz, ces rêveurs, ces abstracteurs de quin-
tessence, bons géomètres, il est vrai, mais qui
gâtaient tout avec leur métaphysique su-
rannée.

Nous avons mieux que cela aujourd'hui, nous
avons des spécialistes, et certes, s'ils ne font
pas de plus grandes découvertes, on ne pourra

pas dire que c'est pour avoir trop aimé la
métaphysique.

Parlons sérieusement : bien qu'il soit toujours pénible de contredire les gens parfaitement contents d'eux-mêmes, je dirai cependant
qu'en fait de sciences comme en fait d'esthétique, je reste convaincu que c'est la recherche
des principes, l'aspiration vers ce qu'il y a de
plus mystérieux et de plus haut, qui est l'âme
de toute recherche et le foyer secret où se pré-
parent les grandes découvertes. Est-ce à dire
maintenant que l'esthétique puisse jamais être
une science comme la géométrie, une science
organisée, ayant ses axiomes, ses définitions,
ses méthodes et une suite chaque jour plus riche
de théorèmes? Assurément non. J'avouerai
même que dès là qu'une science cesse d'avoir
un objet circonscrit et déterminé, dès qu'elle
entre en communication avec l'infini, elle ne
peut avoir une marche régulière ni des procédés
maniables à tous; au lieu d'un développement
continu, vous avez des aperçus soudains, des
traits de génie, et surtout des systèmes. Que de

systèmes sur l'essence du beau! Socrate et
Platon ont commencé le mouvement. Dans le
premier Hippias, Platon démontre admirablement que le beau n'est pas l'agréable, ni l'avan-
tageux, ni le convenable; mais qu'est-il en soi?
Hippias croit le savoir, bien qu'il l'ignore, et
l'avantage que revendique Socrate, c'est de savoir qu'il ne le sait pas. La question revient
dans le *Phèdre* et mieux encore dans le *Banquet*,
où Platon nous fait monter tous les degrés de
l'échelle du beau, les beaux corps, puis les
belles âmes, puis les belles occupations. et les
belles sciences, jusqu'à ce qu'il nous ait con-
duits à la source éternelle d'où s'épanche et où
remonte toute beauté périssable : « Celui qui
dans les mystères de l'amour s'est avancé jusqu'au point où nous sommes par une contemplation progressive et bien conduite, parvenu
au dernier degré de l'initiation, verra tout à
coup apparaître à ses regards une beauté merveilleuse, celle, ô Socrate! qui est la fin de tous
ses travaux précédents : beauté éternelle, non
engendrée et non périssable, exempte de déca-

dence comme d'accroissement... » Je n'achève pas cette description magnifique, qui est dans tous les souvenirs ; mais examinez-la de près, vous n'y trouverez que des caractères négatifs : la beauté parfaite est immatérielle, immuable, impérissable, invisible. C'est une pure essence, une idée, peut-être l'idée suprême ; mais encore quelle est cette idée ? Impossible de le dire ; sa sublimité même la rend incapable d'être défi-nie ; elle est au delà, au-dessus de toute déter-mination et de toute qualification. C'est là que Platon avait laissé le problème, car la formule célèbre : *le beau est la splendeur du bien*, n'est pas de Platon, mais de son plus grand disciple, le sublime et mystique Plotin (1). L'auteur des *Ennéades* reprend la doctrine du *Banquet*, mais pour la pousser au panthéisme et à la mysticité. Aux yeux de Plotin, le seul caractère essentiel du beau, c'est l'unité, et saint Augustin expri-

---

(1) Voyez les dix dernières lignes du traité de Plotin sur le beau, publié par M. Creuzer et extrait du grand ouvrage des *Ennéades*, dont M. Bouillet vient de terminer la savante et fidèle traduction (3 vol. in-8, chez Hachette).

mait fort bien cette théorie, peut-être sans en voir le fond, quand il écrivait cette pensée tant citée : *Omnis pulchritudinis forma unitas est.* A ce compte, la proportion, l'harmonie, la convenance, ne sont rien. La variété s'évanouit, et avec elle la vie. Vous n'avez plus qu'un art ascétique, ennemi de la nature, qui a horreur de l'individualité, et qui n'aspire qu'à sortir du monde réel pour s'abîmer dans l'extase.

L'antiquité grecque, si féconde en fruits de beauté, n'est donc point parvenue à saisir et à définir cette mystérieuse essence. L'esthétique moderne a-t-elle mieux réussi? Oui et non. Elle n'a pas réussi à définir une fois pour toutes l'essence du beau; mais elle a enfanté d'ingénieux et de profonds systèmes, le système de Burke, le système de Hutcheson, le système de Kant, le système de Schelling, le système de Solger, le système de Hegel.

Vous en convenez donc, me dira-t-on, le problème n'a pas été résolu. Est-il raisonnable d'espérer qu'il le sera un jour, et que les métaphysiciens de l'avenir trouveront ce qui a

échappé à Platon, à Plotin, à Kant, à Schelling?
Je réponds que l'avenir ne produira pas une
explication adéquate et définitive du beau, mais
qu'il produira de nouveaux systèmes, et que
chaque système nouveau amènera une critique
plus profonde des conditions essentielles de la
beauté, une analyse plus fine de ce qu'il y a de
particulier dans la manière dont chaque peuple,
chaque âge, chaque grande école d'artistes entend la beauté, et de ce qu'il y a de général et
de constant sous les impressions différentes et
les types changeants des peuples, des siècles et
des individus. Qu'on lise les travaux d'Hutcheson et de Blair, ceux de Cousin, de Jouffroy,
de Lamennais, ceux de Lessing, de Kant, de
Winckelmann, de Schlegel, de Schiller (1), de
Schelling, de Hegel, et qu'on me dise si la critique moderne n'a pas gagné quelque chose en
profondeur, en étendue, en délicatesse. Même
progrès en métaphysique et dans toutes les

(1) Voyez, dans les œuvres complètes de Schiller, traduites
par M. Regnier, le volume récemment publié qui contient
l'esthétique.

sciences qui touchent à la fois au cœur humain,
abîme insondable, et à l'infini, autre abîme plus
insondable encore. Quelle est l'essence du bien?
Personne ne l'a dit. Cela signifie-t-il que les
travaux d'Adam Smith et de Kant aient été
inutiles, que l'*Éthique à Nicomaque*, le *De
officiis* et la *Théorie des sentiments moraux*
ne soient pas des livres admirables, qui seront
médités avec fruit tant qu'il y aura des hommes
qui se plairont à connaître l'homme? Et maintenant, si l'on élève encore son ambition et ses
pensées, si l'on vient à chercher au-dessus de
la nature et de l'humanité, par delà le beau et
le bien, à cette hauteur où tout moyen d'observation nous manque, où l'analogie nous fait
défaut, où le raisonnement lui-même se sent
désarmé, quelle est l'essence du principe caché
de toute beauté, de toute justice, de tout ordre
et de toute existence, qui osera dire qu'un tel
problème ait été résolu, et qu'aucun homme
soit capable de le résoudre définitivement?
Conclurez-vous que l'existence de Dieu est dou-
teuse, qu'il est à regretter que Pascal et Leibnitz

aient passé leur vie à méditer l'énigme des
choses, qu'il faut jeter au feu le *Phédon*, le
Discours de la méthode, le livre des *Pensées* et
les *Essais de Théodicée*, et qu'un grand progrès
sera accompli quand on aura éteint dans les
âmes toute ardeur spéculative, toute aspiration
désintéressée, toute inquiétude de l'absolu et
de l'infini? Pour nous, convaincu plus que
jamais de la nécessité d'entretenir dans les
âmes le goût des grandes spéculations, nous
ne saurions trop féliciter les esprits généreux
qui essayent, comme M. Charles Lévêque, de
ressaisir et de résoudre les problèmes éternels,
dussent-ils se faire quelque illusion sur la portée
de leurs formules.

Assurément M. Charles Lévêque n'a pas dé-
fini l'essence du beau. Qu'il se console : il n'est
pas le premier qui y ait échoué, il ne sera pas
le dernier; mais il a fait une forte et vaste étude
des conditions les plus générales de la beauté
en tout genre. Il a tracé un cadre immense où
tous les problèmes de l'esthétique sont admirablement classés et coordonnés; il a jeté dans

ces cadres une foule d'observations et d'aperçus
de la plus fine psychologie et de la plus solide
critique. Cela suffit pour annoncer au public un
des talents les plus purs et les plus rares qui
soient sortis des jeunes générations, et pour
prouver une fois de plus la fécondité vivace de
la philosophie spiritualiste. Les épreuves n'ont
pas manqué depuis 1848 à cette noble philosophie ; mais elle a deux grands sujets de se con-
soler : l'impuissance de ses adversaires et la
fidélité de ses amis. Elle est toujours la grande
mère, *magna parens virum.* Elle ne fait pas
seulement des esprits, elle fait des hommes, des
caractères. N'est-ce pas elle qui, il y a cinquante
ans, préludait par la voix de Royer-Collard au
réveil des intelligences ? Elle a aujourd'hui une
mission analogue à remplir. Qu'elle se mette
résolûment à l'œuvre, qu'elle aide les âmes à
sortir d'un engourdissement passager, qu'elle
nous rende la foi, la liberté, la vie !

FIN.

BIBLIOTHÈQUE

DE

PHILOSOPHIE CONTEMPORAINE

Volumes in-18 à 2 fr. 50 c.

H. TAINE. Le Positivisme anglais, étude sur Stuart Mill.

H. TAINE. L'Idéalisme anglais, étude sur Carlyle.

PAUL JANET. Le Matérialisme contemporain. Examen du système du docteur Büchner.

ODYSSE-BAROT. Lettres sur la philosophie de l'histoire.

ALAUX. La Philosophie de M. Cousin.

AD. FRANCK. Philosophie du droit pénal.

ÉMILE SAISSET. L'âme et la vie, suivi d'une étude sur l'Esthétique française.

AUGUSTE LAUGEL. Les problèmes de la nature.

AUGUSTE LAUGEL. Les problèmes de la vie.

AUGUSTE LAUGEL. Les problèmes de l'âme.

CHALLEMEL LACOUR. La philosophie individualiste, étude sur Guillaume de Humboldt.

CHALLEMEL LACOUR. La philosophie pessimiste.

CHARLES DE RÉMUSAT. La Philosophie écossaise.

CHARLES DE RÉMUSAT. La Théodicée en Angleterre.

CHARLES LÉVÊQUE. Le spiritualisme dans l'art.

DE SUCKAU. Étude sur Schopenhauer.

ED. AUBER. Philosophie de la médecine.

ALBERT LEMOINE. Psychologie des signes.

ALBERT LEMOINE. Le vitalisme et l'animisme de Stahl.

LOUIS GRANDEAU. La Science moderne et le spiritualisme.

MILSAND. L'esthétique anglaise, étude sur John Ruskin.

FRANCISQUE BOUILLIER. Du plaisir et de la douleur.

LÉOPARDI. Paradoxes philosophiques.

BEAUSSIRE. Un Précurseur de Hegel dans un monastère du XVIIIᵉ siècle.

PARIS. — IMPRIMERIE DE E. MARTINET, RUE MIGNON, 2.